Por que os homens casam com as mulheres poderosas?

SHERRY ARGOV

Por que os homens casam com as mulheres poderosas?

Um guia para conquistar o amor e o respeito do parceiro

SEXTANTE

Título original: *Why Men Marry Bitches*

tradução: Simone Lemberg Reisner

preparo de originais: Janaína Senna e Regina da Veiga Pereira

revisão: Ana Grillo, Camila Cruz, Caroline Mori e Rebeca Bolite

diagramação: Ilustrarte Design e Produção Editorial

capa e ilustração de capa: Silvana Mattievich

impressão e acabamento: Bartira Gráfica e Editora S/A

CIP-BRASIL. CATALOGAÇÃO NA PUBLICAÇÃO
SINDICATO NACIONAL DOS EDITORES DE LIVROS, RJ

A74p Argov, Sherry, 1966-
Por que os homens casam com as mulheres poderosas? / Sherry Argov; [tradução de Simone Lemberg Reisner]; Rio de Janeiro: Sextante, 2014.
208p.; 14 x 21 cm

Tradução de: Why men marry bitches
ISBN 978-85-431-0089-0

1. Relações homem-mulher 2. Amor. 3. Casamento. I. Título.

14-10887 CDD: 306.7
CDU: 392.6

GMT Editores Ltda.
Rua Voluntários da Pátria, 45 – Gr. 1.404 – Botafogo
22270-000 – Rio de Janeiro – RJ
Tel.: (21) 2538-4100 – Fax: (21) 2286-9244
E-mail: atendimento@esextante.com.br
www.sextante.com.br

Para mamãe, com amor.

SUMÁRIO

INTRODUÇÃO

Todas nós já ouvimos a história do príncipe que se casa com a mocinha simples da vila. Ou a do solteiro bonitão e bom partido que poderia ter a garota que desejasse e no entanto se apaixona por uma mulher comum, mas de personalidade forte. No dia do casamento, enquanto ele se sente o sujeito mais feliz do mundo, sua família permanece engasgada, lutando para não deixar transparecer o que *realmente* sente.

"Por que ninguém *mais* gosta dela?"

"Por que ela?"

Durante a recepção, a especulação continua: "Será que está grávida?" "Será que conhece algum truque sexual? O que poderia ser?" Todos adorariam chamar o noivo de lado e perguntar a ele: "Afinal, o que foi que você viu nessa mulher?"

Por que os homens casam com as mulheres poderosas? não é mais um livro sobre "como agarrar marido". Também não quer sugerir que "você só será uma mulher completa quando encontrar sua cara-metade". Muito pelo contrário. É uma abordagem sobre autovalorização e autoconfiança e que faz entender com mais profundidade quais são as qualidades que os homens querem ver na mulher com quem decidem passar o resto da vida. Por quê? Por motivos que os homens vão explicar com suas próprias palavras.

Assim como em meu primeiro livro, *Por que os homens amam as mulheres poderosas?*, quando uso a palavra "poderosa" estou me referindo a uma mulher forte e competente, que tem identidade própria. Ela cede "espaço" ao homem com naturalidade, porque tem outras aspirações e objetivos e também precisa do próprio espaço. Ela não tolera falta de respeito e, por saber se valorizar, surpreende a maioria dos homens.

Todas já lemos a história de Cinderela. Assistimos aos comerciais de anéis de noivado nos quais a mulher fica exultante ao receber um diamante maravilhoso. Também já testemunhamos casamentos em que a noiva entra na igreja precedida por dez damas de honra, e, quando atira o buquê, todas as mulheres solteiras se acotovelam para agarrá-lo. Durante a recepção, elas pedem o grande sucesso de Beyoncé: "If you liked it then you should have put a ring on it", ou seja, "se você gostou, deveria ter colocado uma aliança no meu dedo", e todas cantam juntas, como se fosse o hino nacional.

Os homens observam esse comportamento. Assistem a tudo bem de perto e logo tiram suas conclusões. Isso só confirma aquilo de que sempre suspeitaram: para a maioria das mulheres, o casamento é como o "Santo Graal".

Por que isso é um problema? Porque os faz temer a motivação que as leva a escolhê-los. Na mente do homem, o desejo que uma mulher tem de se casar não significa que ela esteja loucamente apaixonada por *ele*. Ela está encantada pela fantasia do casamento, pelo que ele representa, e deseja ter o seu castelo nas nuvens e um final feliz de princesa. Ela não quer necessariamente o príncipe e nem o ama. Ele só está ali ocupando uma vaga.

Essa preocupação faz com que o homem se torne reticente em relação ao casamento. Para ele, comprometer-se com uma mulher presa a essa fantasia é uma *armadilha*, pois ela não o ama pelo que ele é. Os homens não têm fobia de compromisso, eles também anseiam por um amor verdadeiro. Tanto quanto as mulheres, eles desejam amar e se casar. Mas querem uma mulher adulta, que saiba cuidar da própria vida. Não uma mocinha cheia de sonhos infantis.

Muitas mulheres ficam sentadas à espera do príncipe encantado. Outras estão batalhando para ter orgulho de si mesmas. Antes que passe pela cabeça de um homem a ideia de casamento, ele precisa pensar algo do tipo: "Uau, seria maravilhoso passar a vida ao lado dessa mulher. Ela vai me ajudar a comandar o barco." E isso não acontece quando ela age como se tivesse direito ao casamento. Os homens não dizem o que pensam enquanto estão namorando. Relacionamentos não vêm embrulhados para presente.

Foi por isto que escrevi este livro: para *traduzir* o que os homens estão pensando a respeito do casamento.

Nos capítulos que se seguem, vou revelar o que muitos deles me contaram. Você vai entender por que é importante mostrar claramente ao homem que lhe interessa que você *não* é como as outras mulheres que ele conheceu. Quando ele a enxerga de maneira diferente, conclui que é um privilégio construir uma vida ao seu lado. Você também vai entender como ele *espera* que você reaja e como você *deve* reagir.

Os dados aqui registrados não são fruto de minha experiência pessoal. Eles foram colhidos em centenas de horas de entrevistas com homens que se abriram comigo e demonstraram total sinceridade. Fizeram confidências que reservavam apenas aos outros homens: eles me contaram o que os faz se apaixonar e pedir uma mulher em casamento, mas também o que os faz se afastar e desistir. Com a condição de não terem sua identidade revelada, eles me passaram todas as informações confidenciais que me dispus a descobrir... e muito mais:

As intrigas... o mistério... as emoções... o suspense... tudo isso é auspicioso e verdadeiro. Escrevi sobre o que leva relacionamentos saudáveis a manter a "chama" ou o "tempero" a longo prazo.

Os capítulos seguintes vão lhe ensinar que se mostrar louca por um homem e fazer de tudo para que ele saiba "quanto é importante para você" é, com frequência, a receita mais certa para afastá-lo. Rebaixar-se não lhe trará o amor, nem a atenção, tampouco o respeito que você deseja. Por outro lado, ter a própria vida e os próprios objetivos, além de personalidade e determinação, poderá atrair o homem certo e fazer com que ele queira conhecê-la melhor.

Talvez você seja casada e queira apimentar a relação, que anda um pouco morna. Talvez prefira permanecer solteira. O tema deste livro é o que fazer para *conquistar* o coração e o respeito de um homem de qualidade – para que *você* possa escolher a opção que desejar.

Se existe um homem especial com quem você pensa em passar o resto da vida, irá aprender a fazer pequenos ajustes em seu comportamento para ser vista como uma mulher especial *sem a qual ele não pode viver.*

Mas antes de iniciar a leitura, tenha em mente dois fatos primordiais:

Primeiro: não existem mulheres totalmente *boazinhas* nem mulheres totalmente *poderosas.* Mesmo as poderosas têm seus momentos de fraqueza. A diferença é que elas conhecem suas vulnerabilidades e aprendem a administrá-las.

Segundo e talvez mais importante: é claro que existem homens que gostam de mulheres submissas, sem consciência do próprio valor e fáceis de controlar. Mas não é deles que estamos falando, pois homens assim não a farão crescer para se tornar cada vez mais a pessoa que você deve ser: uma mulher poderosa.

Agora, pegue uma taça de vinho ou uma xícara de chá. Tire os sapatos e coloque os pés para cima, pois vamos ter uma conversa feminina muito *séria.* E é preciso que saiba: este é um livro que vai mexer com você e transformá-la. Prepare-se.

NOTA: Os nomes dos homens e mulheres citados neste livro foram trocados para proteger os inocentes e os não tão inocentes assim.

1

A POSTURA DE UMA MULHER FORTE

A LISTA DE CONTROLE DELE – O QUE A MAIORIA DOS HOMENS DESEJA SECRETAMENTE ENCONTRAR EM UMA MULHER

Beleza é como você se sente por dentro, e isso se reflete em seu exterior. Não é algo físico.

– SOPHIA LOREN

O PRIMEIRO ITEM NA LISTA DE CONTROLE DELE: ELA É SEGURA DE SI

Imagine um mundo em que os papéis estejam invertidos e os homens cozinhem, lavem e passem para as mulheres, guardem suas meias, usem salto alto e roupas sensuais – tudo isso porque mal podem esperar para se casar. Finja que você tem um namorado que possui um baú com seis gravatas-borboleta borrifadas com lavanda, para que os padrinhos usem na cerimônia de casamento. Visualize estas cenas: ele com a voz embargada sempre que vocês passam por uma loja de roupas infantis e vindo recebê-la à porta de casa, usando uma fantasia de bombeiro, pronto para realizar uma performance exclusiva para você. No dia seguinte, no trabalho, imagine que ele lhe mande uma mensagem de texto com uma foto dele nu, em uma pose sensual.

Algumas semanas ou meses depois, imagine que esse mesmo sujeito lhe venha com frases do tipo:

"Por que você sai tanto com suas amigas?"
"Qual é o futuro desse relacionamento?"
"Por que você parou de me dar atenção?"
"Quem era aquele outro cara ao telefone?"
"Ele é mais bonito do que eu?"
"Você nunca tem tempo para mim."
"Acha que estou gordo?"
"Meu relógio biológico está batendo."
"Por que você não se casa comigo?"

Você, provavelmente, concluiria que o sujeito não está bem da cabeça. Logo, começaria a planejar sua retirada: "O problema não é você, sou eu. [Tradução: é claro que o problema é você.] Ando ocupada demais, com excesso de trabalho. Sei que vou me arrepender disso um dia, mas não posso continuar nosso namoro. Eu simplesmente não tenho tempo para um relacionamento sério neste momento." Em seguida, você arruma um jeito de sumir do mapa: nunca pode atender ao telefone, e o seu celular está sempre fora de área.

Por mais assustadora e caricatural que a descrição pareça, é exatamente essa a técnica que muitas mulheres usam para arranjar marido. Ela funciona por algum tempo... até que o relacionamento implode e a mulher não tem a mínima ideia de onde foi que errou.

Por que as mulheres fazem isso consigo mesmas? Elas são bombardeadas por mensagens constantes de que sua sexualidade é o vento que as fará navegar pela vida. Os comerciais de TV e a cultura pop ditam o seu comportamento. Você usa salto alto enquanto limpa o chão? Serve cerveja gelada vestida apenas com uma lingerie sexy? Você dobra as camisas dele com perfeição? Você cuida do jardim vestida como se estivesse pronta para ir a uma festa? Você se dá de presente para ele envolta em papel celofane? Você permite que ele a espanque com uma espátula? Você sente cinquenta tons de desespero?

O desespero é o pior perfume que uma mulher pode usar, e a maioria delas acredita que deve banhar-se nele. Eis o que um homem vê: uma mulher absolutamente *apavorada com a ideia de perdê-lo.*

Não é de surpreender que, ao entrevistar os homens, essas questões tenham ficado óbvias. Eles logo disseram: "As mulheres confiantes estão em falta." E repetiram várias vezes: "Você quer se casar com uma mulher *diferente*, única, que *não* age como as outras."

PRINCÍPIO DO DESEJO Nº 1

Em um relacionamento, nada atrai mais o homem do que uma mulher que tem orgulho de si mesma.

Um homem só considera uma mulher um projeto de longo prazo quando ela demonstra possuir os ingredientes principais: respeito e amor-próprio. É isso que, aos olhos dele, torna uma mulher "digna de um relacionamento". E para um homem respeitar uma mulher, ela precisa jogar fora o livro de regras sobre como "deve" agir e começar a *pensar* por si mesma.

O homem quer sentir que você também dá as cartas e não precisa da opinião de ninguém sobre como levar a vida. A mulher a quem eu, afetuosamente, me refiro como "poderosa" não é egoísta. Ela é confiante e estabelece seu próprio ritmo.

Se 99 mulheres andam para determinado lado, a poderosa ajusta sua bússola na direção que considera a melhor e não se importa se ele aprova ou não seu comportamento. Isso a diferencia das outras.

PRINCÍPIO DO DESEJO Nº 2

A mulher inesquecivelmente sensual é confiante, independente e nem sempre coloca o homem em uma posição de poder e de controle.

Mas preste atenção: ela também não pode ser tão forte ou combativa a ponto de fazer com que ele se sinta castrado.

É importante ser fisicamente feminina e deixá-lo se sentir forte, mas, ao mesmo tempo, não vestir a insegurança como se fosse uma capa protetora. Matt se lembra de um momento no qual Jessica demonstrou confiança. No terceiro encontro, brincando, ele fez o seguinte comentário: "Você não pode me ter." Ela só precisou de dois segundos para olhá-lo de cima a baixo e disparar: "Diga-me por que eu deveria querer você."

Essa resposta não transmitiu a ele a mensagem: "Me escolha! Me escolha!" Quando você demonstra que não tem medo de perder um homem, ele começa a ter medo de perder você. "Ela é esperta. Essa aí tem personalidade. Vou ter que demonstrar minhas qualidades mais admiráveis para manter seu interesse."

Em um documentário, Tim McGraw disse algo intrigante sobre sua mulher, Faith Hill: "Sem dúvida ela sabe o que quer. Não dá a mínima para a opinião dos outros." Ao comentar sobre a companheira, ele não mencionou o talento, o sucesso, a beleza, a fama nem qualquer outra característica cultuada pela sociedade. Em vez disso, falou sobre a qualidade que os homens que valem a pena mais valorizam: firmeza de caráter.

PRINCÍPIO DO DESEJO Nº 3

Ele precisa ver em você uma mulher inteligente e feminina, que pensa por si mesma.

Faith Hill também declarou a uma revista: "Como mulher, há ocasiões em que preciso repetir a mesma coisa dez vezes para ser ouvida." Isto significa que ela não se rendeu (nove vezes).

Quando um homem percebe que a mulher não está tentando conquistar a sua aprovação e que também tem os próprios interesses, ele não a coloca na categoria das mulheres tolas das quais pode tirar vantagem.

Ashley é o exemplo perfeito de como uma mulher inteligente e confiante chega ao topo. Logo no início do relacionamento, seu namorado tentou dar palpites sobre como ela deveria se vestir. Certo dia ele sugeriu que ela usasse um vestido para comparecer a uma reunião de trabalho, em vez da calça comprida que ela escolhera. Depois, acrescentou que Ashley estava excessivamente maquiada. A maioria das mulheres iria correndo mudar de roupa. Em vez disso, em tom de brincadeira, ela respondeu: "A roupa que estou usando fica muito bem em mim. E ninguém nunca reclamou da minha maquiagem. Mas, se preferir, eu aviso com antecedência quando for usá-la. Assim você não precisa vir me encontrar."

PRINCÍPIO DO DESEJO Nº 4

Os homens tratam uma mulher com mais cuidado (e respeito) quando ela não se torna previsível e ele não tem ideia do que ela está pensando.

No instante em que ele *não vê* emoção, animação ou todos aqueles comportamentos transparentes que as mulheres adotam para conseguir aprovação, você se torna diferente e excitante. Quanto menos ele for capaz de *ler você*, mais esforços fará para conquistá-la. Agora você pertence a outra categoria. Você é uma mulher "diferente" de todas as outras.

O segundo item na lista de controle dele: ela é interessante

Pense na última vez que esteve apaixonada. O cara provavelmente não era um milionário, nem um médico famoso com barriga de tanquinho que se mostrava "sempre pronto" para o sexo, como se fosse viciado em Viagra. É quase certo que ele não a levava ao orgasmo cinco vezes antes de ter o dele. Mas havia algo sensual naquele homem. Alguma coisa... *interessante*.

As mídias sociais e as revistas criaram um padrão, fazendo com que as mulheres se sintam pressionadas a serem perfeitas. E definem o que é "perfeição". Somos informadas de que precisamos ter determinadas medidas, vestir roupas da moda e usar bolsa e sapatos de marca. Precisamos também possuir um carro do ano e levar na bolsa o último modelo de celular. E mais: somos alertadas de que comer couve e omelete de claras ajuda a manter um corpo de modelo.

Se você perguntar a milhares de homens como eles definem a "perfeição" física, ouvirá as opiniões mais diversas. Mas se perguntar sobre os traços de caráter que desejam em uma mulher, obterá respostas bem consistentes. Ele precisa achá-la interessante... antes de vê-la como a mulher com quem quer ficar "para sempre".

Veja em que ele vai prestar atenção durante o jantar. "Que conteúdo essa garota tem para conversar? Posso confiar nela? Eu ficaria constrangido se a levasse a uma festa da empresa onde trabalho?" Se ela só souber falar sobre sapatos e maquiagem e sobre qual celebridade precisa perder peso, ele a colocará na seguinte categoria: só para a cama. Valores superficiais são registrados no radar masculino como "eu, eu, eu".

PRINCÍPIO DO DESEJO Nº 5

Durante um encontro, para se tornar muito mais interessante aos olhos de um homem, faça perguntas inteligentes sobre ele.

Para um homem, conversas interessantes não incluem saber se ele quer ter filhos... quanto ele ganha por mês... ou se ele se vê casado algum dia. Também não têm nada a ver com "sentimentos" ou com o fato de alguma celebridade estar internada para tratar-se de uma dependência qualquer.

Em vez disso, pergunte sobre a vida dele, sobre seu trabalho e sua formação. Pergunte do que ele gosta e do que não gosta, como define o sucesso e qual a lição mais importante que aprendeu com os pais ou com um parente. Pergunte quem ou o que o inspira a ser um grande homem. Essas indagações o fazem sentir-se um gênio. Mostre-se interessada, como se estivesse aprendendo algo, e evite dizer "Eu também!" depois de cada frase que ele articular. A conversa não é sobre você... não... é sobre *ele* ser um gênio.

Depois de perceber que você é bacana por fora, ele quer saber se você é bonita por dentro; se é charmosa, confiável, excitante, inteligente, divertida e se sabe conversar sobre os mais diferentes assuntos (inclusive sobre *ele*). O mais importante? *O fato de você não ser chata.*

PRINCÍPIO DO DESEJO Nº 6

Ele não se casa com uma mulher perfeita. Ele se casa com uma mulher interessante.

Os concursos de beleza constituem um bom exemplo de como as mulheres são enganadas e levadas a pensar que o que mais precisam buscar na vida são dicas de beleza e habilidades para "fisgar um homem". Esse é o modelo clássico do comportamento "eu, eu, eu", do qual os homens logo se cansam. Todo mundo sabe que as perdedoras querem mais é estrangular as que venceram e que a diva que ganhou o título de Miss Simpatia está doida para dizer aos jurados: "Danem-se vocês todos... seus babacas!" Entretanto, todas insistem em afirmar que ajudam os menos favorecidos. Ou "fazem parte da legião da boa vontade" junto à instituição de caridade de sua escolha. E o que respondem quando lhes perguntam sobre o que fariam se ganhassem? A resposta é sempre alguma coisa ligada aos "pequenos órfãos".

> Miss Kansas: "*Estou no terceiro ano do ensino médio e faço um curso de cerâmica. Meu sonho é visitar países do Terceiro Mundo e presentear cada órfão com um vasinho de flores.*"
> Miss Arkansas: "*Vou acabar com a fome mundial. Quero ajudar os famintos, os sem-teto, os desempregados e os pobres. Dessa maneira, todos os meus parentes poderão comer.*"
> Miss Califórnia: "*Minha instituição de caridade favorita é a que cuida dos órfãos cegos e com problemas de visão. Quero dar a cada um deles um par de óculos escuros da Chanel.*"

Seria mais divertido submetê-las a um detector de mentiras e fazer perguntas do tipo: "Conte-nos sobre o dia mais difícil de trabalho que você já teve e como se comportou nessa ocasião. Você está disposta a andar de ônibus para podermos doar mais dinheiro aos órfãos? E finalmente... Qual dessas concorrentes insuportáveis você gostaria, secretamente, de sufocar com um travesseiro?"

A realidade? Os homens só prestam atenção às rainhas da beleza quando um jornal publica que uma delas fez um filme pornô ou recebeu uma ordem de prisão por dirigir bêbada. Por quê? Porque então ela deixa de ser perfeita. Para a maioria dos homens, perfeição é o mesmo que simulação. E a simulação é enfadonha. E enfadonho significa... que ela será tão importante para ele quanto uma mesa ou uma cadeira.

PRINCÍPIO DO DESEJO Nº 7

A maneira mais rápida de se tornar chata aos olhos de um homem é tentar ser como todo mundo.

Muitos homens acreditam que, se uma mulher é muito centrada na imagem, ela está tentando compensar algo ausente em seu interior.

Os homens não vão lhe contar isso. Em seu esforço para fazer tanto sexo quanto possível, eles dizem exatamente o contrário. Como sabem que as mulheres se sentem pressionadas a serem perfeitas, tentam dissuadi-las com histórias pitorescas para mantê-las focadas em lhes dar prazer. Muitos afirmam que todas as suas ex-namoradas tinham um corpo escultural e faziam sexo com eles dez vezes por dia (claramente, um produto de sua imaginação).

Para comprovar esse absurdo, você pode simplesmente dar uma olhada na fotografia da tal ex. Se for verdade, que ela costumava fazer sexo dez vezes por dia, o cabelo dela parecerá um ninho de ratos e suas olheiras serão iguais às de um panda! E depois de queimar tantas calorias, ela estará magra como um palito.

A mídia também diz à mulher o que é ser "sedutora". Se você se guiar pelos filmes e pela televisão, irá concluir que uma fantasia sexual comum é a de uma mulher, vestida de colegial, executando uma dança erótica. Isso é interessante? Se um homem encontrar uma mulher que faz de tudo para agradá-lo ou tenta se ajustar a uma imagem, ele irá achar que ela é como todas as outras... e que se esforça demais.

No início, ele procura o que é interessante e único *nela*. Os homens veem as imagens nas quais as mulheres são levadas a acreditar e começam a sentir que todas têm a mesma aparência, a mesma conversa, o mesmo pensamento e seguem o mesmo padrão. Ele quer sentir que é *diferente* aos seus olhos e que você também é *diferente* aos olhos dele.

Se uma mulher não é única de alguma maneira, o homem a vê como uma criatura fabricada em uma linha de montagem, com milhares de cópias idênticas, saídas de uma fábrica, com uma tatuagem no pescoço:

Fabricada em Detroit
Número de série MI 56793566
Sapatos e bolsa vendidos separadamente

A boa notícia? Você pode jogar fora as fantasias compradas com o intuito de instigar os homens. Para eles, a mulher pode ser sensual, mas não preencher os requisitos que consideram importantes. O homem pode fazer sexo com uma parceira e continuar achando que ela não é interessante o bastante para ser conquistada. Você se lembra do filme *Beleza americana*? Em uma das cenas finais, a líder de torcida sexy e loura briga com sua desleixada amiga, Jane. Diante do namorado dela, a loura diz: "Pelo menos eu não sou feia!" O namorado de Jane responde calmamente: "É, sim. E também é chata. Além de ser totalmente *comum*, e você sabe muito bem disso."

Por quê? Porque ela pensa como todas as outras mulheres e não é única.

Alex explicou por que estar com uma mulher insegura pode ser uma "constante dor de cabeça". Segundo ele, "uma mulher insegura, que precisa de reafirmações constantes, é exaustiva. No domingo, você não pode ler a seção de esportes do jornal enquanto ela trabalha no computador. Ela suga toda a sua energia. Você precisa focar cem por cento de sua atenção nela quando estão no mesmo ambiente. Se estiver sentado a alguns metros, lendo um livro, ela reclama que você a está ignorando".

Um colega de Alex acrescentou: "Isso mesmo... altamente irritante."

Para o homem, tempo de qualidade consiste em sentar-se no mesmo ambiente em que se encontra a mulher por quem está apaixonado, mesmo que não estejam fazendo a mesma atividade. Quando um homem se encanta por uma mulher, a simples proximidade dela já é excitante. Se a química estiver funcionando, ela não precisa falar o tempo todo. Sem um silêncio confortável, ele nunca vai sentir que pode recarregar as baterias.

PRINCÍPIO DO DESEJO Nº 8

Um homem não quer ser o único motivo de felicidade de uma mulher. É uma imensa responsabilidade, e os homens odeiam responsabilidades.

É por isso que a maioria deles prefere uma mulher atraente e independente, talvez sem muita sofisticação e experiência, a uma mulher insegura, que precisa de reafirmação constante. Quando uma mulher assume o comando da própria felicidade, não tolera desrespeito de ninguém, inclusive dele. E é isso que os homens querem.

Michael J. Fox conheceu sua mulher, Tracy Pollan, durante a filmagem de um episódio do seriado *Caras e caretas*. No intervalo das gravações, ele se aproximou de Tracy e fez um comentário bastante grosseiro sobre o hálito dela. Tracy o olhou com ar sério e, sem dizer palavra, afastou-se.

Até hoje ele se lembra daquele momento: "Desde então, sou louco por ela." Eles continuam casados, têm quatro filhos e, 25 anos depois, toda vez que dá alguma entrevista, ele ainda elogia a beleza dela.

Em geral, é assim que acontece. Ele a desrespeita e ela o reprime. Uma luz se acende dentro dele e, de repente, ela passa a ser levada mais a sério.

Uma mulher insegura, focada na imagem, faz o oposto. Se um homem a ignora, ela procura nele uma base de autoafirmação. Ela escolhe um sujeito todo tatuado, que só anda de Harley Davidson, e permite que ele a desrespeite. O cara a trata mal e, em seguida, deixa uma desculpa esfarrapada na caixa postal: "Sinto muito, gata. Eu não devia ter empurrado você daquela forma. Prometo maneirar da próxima vez."

Um homem que gosta de mulheres inseguras deseja maltratá-las para sentir-se poderoso. Por que ele não vale nada? Porque não tem uma bússola moral. Para ele, a crueldade é positiva. Isso faz dele um ser desprezível.

PRINCÍPIO DO DESEJO Nº 9

Um homem de qualidade respeita uma mulher que não tolera desrespeito. Isso aumenta o desejo e a admiração por parte dele.

Mas isso não significa que você deva ser combativa ou conflituosa. Significa apenas sair de perto quando alguém lhe falta com o respeito, ainda que seja levemente.

Steven me falou de um encontro em que ele apresentou a namorada Kara a alguns rapazes no domingo, quando havia um campeonato de futebol americano. Antes de o jogo começar, um deles se sentou com os pés para cima e disse: "Kara, você pode pegar uma cerveja na cozinha para mim?" Ela ignorou o pedido, pegou o celular e foi para a sala ao lado. O namorado, Steven, recriminou o rapaz: "Qual é, está com as pernas quebradas? Ela não é nenhuma garçonete." Steven se lembra: "Se ela tivesse ido buscar a cerveja para ele, eu a teria respeitado menos."

Para um homem de qualidade, quando uma mulher se mostra subserviente, a situação não é vista como natural. Ao contrário dos comerciais em preto e branco dos anos 1960, em que as mulheres eram vistas de avental, não é isso que ele quer. O homem não quer se casar com uma empregada. Isso não o estimula e nem lhe causa orgulho. Um homem de qualidade deseja casar-se com uma mulher que ele respeite como igual. Portanto, nenhuma mulher moderna deve conhecer um cara e ficar se comportando como se estivesse ali para servi-lo.

Se ele não for um homem de qualidade, esse tipo de comportamento subserviente leva a situações problemáticas, que começam com "pedidos descomprometidos", como "Pegue uma cerveja para mim", e logo são substituídos por frases do tipo: "Gata, venha se sentar no meu colo e abrir o zíper da minha calça." O relacionamento vai seguir nesses termos. É quando a mulher começa a sentir que está sendo "usada". Na mente masculina, isso é considerado diversão. Ele relaxa, abre uma cerveja e pensa: "Ela está louca para me agradar... Não vou precisar gastar uma gota de suor nessa relação."

PRINCÍPIO DO DESEJO Nº 10

Quando uma mulher se esforça *demais*, cedo *demais*, ela estabelece as bases para um relacionamento desigual.

No filme *Confidence, o golpe perfeito*, o personagem principal, Jake, diz: "O que você procura em uma vítima é o fato de ela ser uma pessoa fraca, que se deixa explorar." Toda vez que uma mulher precisa de aprovação e se esforça demais para agradar a um homem que ela mal conhece, ele explora essas fraquezas. Para enxergá-la como uma possível companheira, ele precisa sentir que encontrou o seu par ou o seu equivalente psicológico.

Connor explicou o que os homens desejam: "Quero uma mulher que seja forte e independente para que eu possa administrar as coisas ao lado dela e ouvir suas opiniões. Quero que ela saiba que deve assumir suas responsabilidades e me trazer um ponto de vista diferente. Quero que me surpreenda... algumas vezes. Se ela tiver ideias e talentos próprios e não ficar o tempo todo tentando me agradar, formaremos uma equipe admirável. Ela irá me fortalecer e me ajudar a construir um grande império" (Ele é o grande imperador.).

Em outras palavras, ele não pode controlar a mulher mentalmente. É por isso que você ouve os homens dizerem que um desafio mental os excita. Eles são instigados pelo mistério e a provocação de não saber o que você está pensando o tempo todo. O que um homem acha de algo fácil demais? Ele considera um tédio. Não há desafio. Se uma coisa é levemente difícil, os homens se sentem mais estimulados e se esforçam para conquistá-la. Se a mulher não vai para a cama com ele de imediato, se demonstra que tem respeito por si mesma e não deixa muito óbvio o interesse em ter um relacionamento, ela se torna mais difícil. Ela se torna um desafio.

PRINCÍPIO DO DESEJO Nº 11

O homem a leva muito mais a sério quando vê que você está feliz a seu lado, mas pode se sentir igualmente feliz sem ele.

Os homens querem que você continue a surpreendê-los e estimulá-los... mentalmente. Quando um homem não consegue decifrá-la, rotulá-la ou descobrir suas inseguranças, você *deixa de ser previsível.* Você deixa de ser dependente. E quando ele não tem cem por cento de domínio sobre uma mulher, ela se torna instigante. A independência a torna interessante e estimulante, e não enfadonha. E é aí que ele tem vontade de se empenhar para conquistá-la e manter o seu interesse.

O TERCEIRO ITEM NA LISTA DE CONTROLE DELE: ELA NÃO PRECISA DE MIM

No filme *Closer – Perto demais*, Natalie Portman pergunta a Jude Law por que ele está tão loucamente apaixonado pela fotógrafa interpretada por Julia Roberts. "É pelo fato de ela ser bem-sucedida?" Ele responde sem hesitar: "Não. É porque *ela não precisa de mim.*"

É comum uma mulher conhecer um homem e se esforçar para parecer a pessoa que imagina que ele quer que ela seja. Se ele for italiano, ela pega tomates frescos e prepara uma boa macarronada com o molho favorito dele. Se for do tipo espiritualizado e natureba, lá está ela comendo sementes e frutas regadas a suco de clorofila e entoando mantras. Se ele fizer parte de determinada religião ou culto, ela adere às novas crenças. Se for ambientalista, ela vende seu utilitário esportivo, compra um automóvel híbrido e passa a limpar o vaso sanitário com vinagre.

É quase como se ela perguntasse a si mesma: "Quem vamos ser dessa vez?"

O homem se sente muito mais atraído por uma mulher que tenha interesses, passatempos e objetivos próprios – porque ela não precisa dele e nem de sua permissão para ser feliz, a não ser que ele esteja à procura de alguém para manipular.

A mulher perfeita não é aquela que diz "Gosto do que você gostar. Faço qualquer coisa. Como qualquer coisa. Bebo qualquer coisa. Sou uma pessoa fácil." A maioria dos homens modernos não se casa com uma mulher como as que são retratadas no filme *Mulheres perfeitas*. "Sim, querido. Tudo que você quiser, meu amor."

PRINCÍPIO DO DESEJO Nº 12

Todo homem sabe que pode encontrar uma mulher que se satisfaça apenas com a satisfação *dele*. Mas eles se interessam muito mais pelas mulheres que também se preocupam com o próprio prazer.

Muitos homens me disseram coisas como: "Tive algumas namoradas, mas não consegui me casar. Havia sempre as que estavam dispostas a abrir mão das próprias escolhas e fazer tudo o que eu quisesse." Isso incluía tempo, atividades e sexo. É bom lembrar que se os homens solteiros revelassem isso às mulheres, eles jamais conseguiriam levá-las para a cama.

As mulheres também se enganam sobre o que os homens desejam, quando analisam as revistas que eles leem, como as de mulheres nuas, por exemplo. Quem não conhece as maravilhas do Photoshop? Aumenta peitos, elimina rugas e celulite, e por aí vai. Como se não bastassem todas essas falsificações, as legendas e as minientrevistas reveladoras da personalidade das beldades são absolutamente patéticas. Literatura de baixíssima qualidade:

- Objetos excitantes: *Pirulitos*
- Esporte favorito: *Surfe – modalidade: nua*
- Pessoa indispensável em minha vida: *Meu cãozinho*
- Maior realização de sua vida: *Amarrar os cadarços dos sapatos em menos de um minuto.*

Qual é a mensagem para as mulheres quando leem esse tipo de disparate? Você precisa dele. Ele não precisa de você. Portanto, tem que se "rebaixar", agradá-lo de todas as maneiras e tirar a roupa o mais rápido possível. Não importa que o conheça há apenas dois dias. Se já falou algumas amenidades está na hora de ir para a cama! Comece logo, porque é seu dever satisfazê-lo se quiser que ele continue a procurá-la.

Se ele estiver a fim de uma transa casual, essa fórmula é imbatível; mas se estiver procurando o amor da sua vida, nada poderia afastá-lo de maneira tão eficaz. Muitos homens disseram: "Se minha mulher tivesse dormido comigo logo no primeiro dia, eu não teria me casado com ela." Pense nisso. Quando um homem volta para casa depois de um dia cansativo de trabalho, a última coisa que quer é encontrar a mulher pelada na varanda, lambendo um pirulito. Ele vai pensar: "Essa aí tem um parafuso a menos."

Quando você tem seus interesses, e seu único objetivo não é agradá-lo, ele conclui que você não precisa tanto dele. Troy explicou isso com bastante simplicidade: "Um cara esperto e autoconfiante não se casa com uma mulher que não tem interesses e objetivos próprios. Ele a leva para a cama, mas não se lembra dela quando pensa em uma companheira."

Parte disso tem a ver com a rapidez com que você cai nos braços dele. Mas há outros indicadores, como, por exemplo, quando um homem lhe faz perguntas aparentemente inocentes durante um encontro só para saber quem você é. Ele presta bastante atenção e usa suas respostas para brincar com você, desafiá-la, ou fazer críticas a fim de descobrir se você defende vigorosamente o seu ponto de vista.

Brad contou-me a seguinte história sobre Cindy. O dois haviam saído e Brad perguntou o que ela fazia nas horas livres. Cindy respondeu: "Semana passada, eu me diverti muito cuidando do jardim." Em seguida, descreveu outros de seus passatempos favoritos. Veja o que Brad comentou: "Ela não se preocupou com a possibilidade de eu achar a atividade boba ou esquisita. É disso que ela gosta, e é assim que ela é. Falou com simplicidade e alegria, e eu achei tudo muito excitante."

O homem quer saber se você consegue ser feliz – com ou sem ele – e se tem identidade própria. Assim ele tem a certeza de que poderá construir uma vida saudável ao seu lado.

PRINCÍPIO DO DESEJO Nº 13

Quando se sente segura, você fica mais atraente e confiável.

Uma variação de "o que você faz nas horas livres" é quando ele lhe pede que escolha um restaurante no primeiro ou no segundo encontro. O motivo que o leva a fazer isso é o medo de que você não goste do lugar que ele escolher. Se a levar a um restaurante barato, ele teme que você o considere pão-duro. Se for caro demais, ele tem medo de que você o veja como ansioso ou desesperado, alguém que está *se esforçando além da conta* para impressioná-la. Assim sendo, ele chuta a bola para você.

Os homens têm duas reclamações principais sobre como as mulheres se comportam nessas situações. A primeira é óbvia: ela escolhe um lugar caro demais e depois não come quase nada. Mas às vezes fica tão indecisa que não consegue escolher nenhum restaurante. Isso pode ser visto como um sinal de fraqueza.

Esta é exatamente uma das características que o homem entende como fraqueza: a indecisão. É um defeito com o mesmo potencial de destruição de um relacionamento quanto resmungar e se lamuriar.

Eric foi categórico: "Se uma mulher não consegue fazer uma escolha tão simples como a de um restaurante, não será capaz de tomar nenhuma outra decisão." E completou, ironizando: "Em dez anos, quando eu perguntar 'Querida, quem vai buscar as crianças na escola hoje?', ela vai responder: (Nesse momento, ele imitou a voz de uma mulher) 'Não sei, meu bem. Você resolve. Por falar nisso, onde estão as crianças? A última vez que as vi foi na quinta-feira passada.'"

Se os homens pudessem reescrever os seus votos de casamento, diriam o seguinte:

"Você promete não resmungar, não se lamentar,
nem discutir coisas do passado?
Promete se mostrar razoavelmente lógica por algum tempo?
você vai dar sua opinião quando eu lhe pedir?"

Quando um homem tenta descobrir que tipo de mãe uma mulher será, o fato de ela ser uma pessoa decidida é um dos melhores indicadores.

PRINCÍPIO DO DESEJO Nº 14

Se uma mulher é indecisa sobre pequenas coisas, ele verá aí um sinal de fraqueza e um indício de que ela não saberá tomar decisões importantes mais tarde.

Depois que você é aprovada nos testes "o que você gosta de fazer nas horas vagas" e "você escolhe o restaurante", a pesquisa continua. Por exemplo, vocês assistem a um péssimo filme e ele lhe pergunta o que achou. Se você sair pela tangente com uma frase do tipo "Os efeitos especiais são ótimos!", ele vai se decepcionar por você não ter dito a verdade. É melhor ser sincera e comentar "A companhia estava ótima, mas o filme é horrível." Quando um homem percebe que você é direta e fala o que pensa, ele a vê como uma candidata mais autêntica.

Thomas descreveu como é estar com uma mulher indecisa, que não tem vontade própria e não oferece nenhum desafio mental. Ela apenas tenta se moldar a tudo o que ele gosta. "É como jogar tênis consigo mesmo. Você fica acertando na bola, mas não a recebe de volta", afirma ele.

Os homens usaram palavras diferentes, mas disseram a mesma coisa. A pressão se torna insuportável quando uma mulher fica muito obsessiva e faz de tudo para agradá-lo. Quando a visão de mundo dela se resume às opiniões dele, a relação logo perde a graça.

Se ele a enxergar como uma possível "esposa", vai fazer de tudo para saber se pode confiar em você, se pode expor o que pensa e receber em troca uma perspectiva diferente. Ele não espera que você tenha todas as repostas (isso compete a ele). Mas, se você o desafiar com perguntas e o fizer enxergar outros ângulos da questão, ele a verá como uma parceira em potencial.

E mais tarde, quando estiverem casados, ele ainda vai querer saber o que você pensa? Duas possibilidades podem ocorrer: ou ele segue o seu conselho e diz a todos que a brilhante ideia foi dele, ou decide que estava certo o tempo todo (e você, errada). De qualquer maneira, ele gosta da sua opinião porque você o faz perceber... que ele tem razão!

Os homens concluem que a mulher é fraca ou obsessiva quando ela para de emitir sua opinião e tem medo de dizer: "Não, eu não quero fazer isso." Ou: "Não, eu não gosto disso." Ou: "Sim, eu gosto disso." Ou quando ela não se sente bem consigo mesma, a não ser que ele lhe diga que ela tem valor. A verdadeira confiança nasce quando você...

PRINCÍPIO DO DESEJO Nº 15

Não acredita naquilo que outra pessoa diz a seu respeito.

Eis um segredo que os homens fazem questão de manter guardado a sete chaves: o mundo é deles, e estão acostumados a conseguir tudo do jeito que querem. Quando uma mulher tem o próprio modo de agir, ela se torna muito intrigante. É quando eles pensam: "Uau, ela tem uma mágica especial." E qual seria essa mágica? É simples: ela pode mandá-lo plantar batatas sempre que tiver vontade.

Embora um homem possa parecer um pouco confuso quando as coisas não saem como planejou, no fundo respeita a atitude afirmativa da mulher. De repente, passa a enxergar as coisas sob uma nova perspectiva. E leva o resto da vida tentando entender como pode encaixar-se no... intrigante mundo *dela*.

2

FAÇA-O CORRER ATRÁS DE VOCÊ, ATÉ VOCÊ AGARRÁ-LO

COMO CONVENCÊ-LO DE QUE ASSUMIR UM COMPROMISSO FOI IDEIA *DELE*

Quando as mulheres pegam o caminho errado,
os homens vão atrás.

– MAE WEST

MUDANDO O JOGO

Você não pode lutar com um homem como se fosse uma peoa montando um touro de rodeio, nem amarrar os pés do parceiro para obrigá-lo a assumir um compromisso. Assim como o boi bravo, o homem irá correr como louco para se livrar de você. Em vez de tentar laçá-lo ou fisgá-lo, você precisa mudar de estratégia. Quando se trata de compromisso, *o homem mesmo se fisga*. Tudo o que você tem de fazer é ser feminina, suave, charmosa, interessante, uma pessoa agradável de se ter por perto. Se você é poderosa, não estará fingindo, pois é capaz de agir assim. Se é do tipo boazinha, essa atitude não irá adiantar muito, pois ele logo vai descobrir a verdade e se afastar – se for um homem de qualidade.

Bem no fundo, os homens desejam ser cavalheiros. Querem ter uma mulher de quem possam cuidar e a quem possam se dedicar. Enquanto o instinto feminino é de agradar, o masculino é de perseguir. De alguma forma, ele quer sentir que a está conquistando com seus "poderes mágicos". Mas atenção! Ele não quer fazer isso com *demasiada* facilidade. Ele deseja conquistá-la... *aos poucos.*

PRINCÍPIO DO DESEJO Nº 16

Os homens são curiosos. Eles gostam de sentir que há sempre muito mais a ser descoberto.

Robin é o exemplo perfeito de mulher que tentou acelerar o processo do relacionamento. No segundo encontro dos dois, Mike queria levá-la a um restaurante, mas ela insistiu em preparar o jantar. Quando ele chegou, encontrou uma produção cinco estrelas, com direito a champanhe e caviar. Dessa forma, ela demonstrou que estava interessada demais... e cedo demais.

Veja o que Mike comentou: "Quando ela serviu o champanhe, eu logo percebi que iríamos transar. E também que ela queria uma aliança. Se ela tivesse me oferecido um sanduíche ou um hambúrguer, eu entenderia que ainda precisava lhe provar algo. Quando não sei *até que ponto* uma mulher gosta de mim, eu me sinto desafiado."

PRINCÍPIO DO DESEJO Nº 17

Se você deixa que o homem perceba que está insegura em relação a conquistá-lo, ele vai saber que a parada já está ganha. Então você tem poucas chances de despertar a atração necessária para que ele deseje aprofundar o relacionamento.

Se você demonstra que foi *totalmente* fisgada, não há mais excitação.

Agora reflita: você acha que a noite de Robin foi divertida? Calcule sempre a proporção entre trabalho e prazer. Se você somar as horas no supermercado, as horas na cozinha e as horas diante da pia no dia seguinte, a proporção para Robin e seu champanhe foi de 10 a 1. Em outras palavras, dez horas de trabalho para menos de uma hora de prazer (e, com alguns homens, o divertimento só dura três minutos).

Minha amiga Ashley conseguiu uma relação trabalho/prazer bem melhor. Ela foi jantar com um homem em um restaurante chinês. Experimentaram vários pratos e deixaram muitas sobras, que ela levou para casa em quentinhas. Na noite seguinte, Ashely tinha um encontro com outro rapaz e resolveu caprichar. Ela requentou a comida que sobrara em uma bela travessa e a serviu ao convidado. Tempo total gasto? Três minutos. Total de prazer? Cinco horas de divertimento, dois dias seguidos, totalizando dez horas. (Uma proporção muito melhor.) O jantar foi um sucesso.

PRINCÍPIO DO DESEJO Nº 18

O desafio não é: "Sou capaz de levá-la para a cama?" O desafio é: "Sou capaz de conquistá-la e de *manter* seu interesse?"

Um homem que inicia um relacionamento é como um menino que abre pela primeira vez uma caixa com um quebra-cabeça. Se o jogo já estiver montado, o divertimento e a excitação vão embora. Mas se o menino tiver que imaginar estratégias para colocar todas as pecinhas nos devidos lugares, sua mente será estimulada. E ele vai delirar de prazer quando conseguir terminar.

Quando se trata de manter o interesse do homem para que ele assuma um compromisso, a melhor estratégia é demonstrar que gosta dele – se de fato gostar –, mas que *não* está muito empenhada em prendê-lo. Não se trata de ficar na defensiva, mas de ser moderada, só isso. Quanto mais moderada você for, mais ele caminhará na sua direção, buscando conquistá-la. E "moderada" significa mostrar-se feliz ao vê-lo, sem agir *como se fosse dona dele.* Quando você se comporta assim, ele não se sente pressionado e começa a ir atrás de *você.*

Isso acontece porque os homens foram programados para proteger a própria liberdade. De modo geral, eles acham que todas as mulheres estão atrás de casamento. Então, quando você fala em compromisso ou age claramente como se quisesse fisgá-lo, ele "se arma" para lutar pela liberdade. No segundo em que você pronuncia palavras como *monogamia, filhos* ou *casa própria,* ele se esconde atrás do muro. Em quase todas as cabeças masculinas, a ideia é de que as mulheres estão em busca de um marido que possam capturar e manter aprisionado.

Você já se perguntou por que os homens se interessam por revistas femininas? Eles estão espionando o adversário. Eles leem artigos do tipo "Como fisgá-lo mesmo que ele tenha dormido com sua irmã caçula e sua prima dentuça", ilustrado com a foto de um sujeito virado para uma mulher fazendo biquinho, usando um sutiã bem sexy. Então concluem: "Todas as mulheres têm um plano."

PRINCÍPIO DO DESEJO Nº 19

Quando um homem levanta a guarda, ele não se apaixona por você e nem se envolve.

Para piorar a situação, muitas revistas listam conselhos horrorosos sobre como uma mulher deve "negociar" verbalmente um relacionamento. A orientação é colocar as cartas na mesa e dizer o que você pretende da relação (como se ele já não soubesse). Os chamados especialistas asseguram que essa atitude economiza tempo, porque você vai direto ao assunto e fica logo sabendo quais são as intenções do parceiro. Certo? De jeito nenhum.

Os homens farejam imediatamente o que a mulher deseja e até dão um nome para isso: eles chamam de "a conversa". É o primeiro sinal de problemas. Aqui estão algumas das frases que as boazinhas dizem nos dois primeiros meses de relacionamento:

A temida "conversa":
Para onde essa relação está nos levando?
Como você imagina o futuro?
Como se sente em relação a compromissos? Estou procurando o homem dos meus sonhos. Não quero perder meu tempo com uma situação que não leve a nada, a lugar nenhum.
Eu gostaria de ter filhos.
Você se vê se casando?
Ou casando de novo?
Estou em busca de segurança. E você, o que está buscando?
Meu relógio biológico está batendo.

A mulher pensa que está abordando o assunto com sutileza e ajudando a acelerar as coisas. Mas e o homem? Ele acha que tudo isso é *óbvio demais*, sente-se uma mercadoria que está sendo avaliada e tem vontade de sair correndo.

PRINCÍPIO DO DESEJO Nº 20

Você perde o poder no minuto em que começa a perguntar: "Qual é a nossa situação?", pois, ao dizer isso, manifesta que *é ele quem vai ditar* os termos do relacionamento.

Quando a mulher faz essa pergunta, seja de que forma for, eis o que acontece com o homem:

• Alarmes disparam.
• Ele levanta a guarda e
• Começa a planejar a fuga.
• Só que não vai demonstrar (até levar você para a cama).

Ele pode ficar por perto durante uns três meses, ou ir embora depois de seis. Mas, se você já deixou claro que "não vai perder seu tempo em um relacionamento que não leva a lugar nenhum", ou que quer se casar no prazo de um ano, a mensagem que passou foi que você é uma pessoa da qual ele deve se afastar. É por isso que ser direta e "sincera" não funciona.

PRINCÍPIO DO DESEJO Nº 21

Ele precisa ver que você é inteligente, mas que não está se exibindo.

A única maneira de fazê-lo se envolver é, primeiro, baixar a guarda dele. É um pouco como o que acontece com as mulheres em relação ao sexo. Se um cara a paquerar e vier com toda a força, é provável que você pense: "Não me sinto nem um pouco lisonjeada com isso. Está com tanta vontade de transar que iria para a cama com qualquer coisa que usasse uma saia." Como o sujeito é óbvio demais, a mulher poderosa logo levanta a guarda e não quer mais nada com ele. Certo?

É exatamente assim que os homens lidam com a ideia de compromisso e casamento. Eles acham que a maioria das mulheres se casaria com um ex-presidiário desdentado, desde que ele se ajoelhasse a seus pés e elogiasse seu penteado. Portanto, no instante em que você menciona o assunto ou se mostra fixada demais em assegurar um relacionamento sério desde o início, acaba sendo classificada como a que tem "um plano armado". E então *o interesse dele por qualquer envolvimento de longo prazo sai voando mais rápido que o vento.*

PRINCÍPIO DO DESEJO Nº 22

Quando uma mulher se apressa demais, o homem conclui que ela está apaixonada por uma "fantasia" ou pela *ideia* de ter um relacionamento. Mas se precisa se esforçar para conquistá-la ele conclui que ela está se apaixonando por *quem* ele realmente é.

Mostrar que há uma "vaga de namorado" fechada e uma "vaga de marido" aberta é a melhor maneira de afastar um homem. Ele quer sentir que conquistou uma mulher especial, uma pessoa que não é fácil de ser seduzida. E nenhum sujeito se sente dessa maneira quando a mulher lhe passa a sensação de que a tal vaga estava aberta antes mesmo de ele aparecer.

Eddie explicou: "Minha ex-namorada me disse: 'A maioria dos homens agarraria com unhas e dentes a oportunidade de se casar comigo. E se você não fizer isso, posso acabar me casando com um dos seus amigos.' É como se um homem dissesse para uma mulher: 'Se você não transar comigo, vou transar com uma de suas amigas.' As mulheres falam essas coisas sobre casamento o tempo todo, e não têm ideia do que isso provoca na gente."

Na cabeça dos homens, dizer algo assim é desvalorizar a relação. A mulher quer um marido o mais depressa possível, sem dar qualquer importância à qualidade. Isso faz com que eles se sintam como um sujeito qualquer. E todo mundo quer se sentir especial.

E saiba que, mesmo que você fale brincando, ele vai perceber sua motivação. Allison é um exemplo perfeito. Ela e Jamie saíam juntos havia algum tempo e certa noite exageraram um pouco na bebida. Ela o olhou jocosamente e perguntou: "Eu sou só um traseiro bonito, ou você tem algum sentimento especial por mim?" Fica evidente que a mulher que pergunta isso não se valoriza. Se ela sabe que não é só um traseiro bonito, jamais deveria fazer aquela pergunta. E se considera que é apenas um traseiro bonito para aquele homem, já deveria ter se afastado. É assim que fazem as poderosas.

Portanto, regra número 1: Você precisa ser discreta e se aproximar dele de uma maneira *diferente*, não como fazem todas as mulheres que ele costuma encontrar. Mas, para isso, precisa desenvolver em si as características de uma mulher poderosa.

PRINCÍPIO DO DESEJO Nº 23

Não mencione a palavra "compromisso". Quanto menos falar sobre casamento, mais chances você terá de conseguir um. Com um homem de qualidade.

De fato, cada vez que você diz as palavras "compromisso", "exclusividade" e "monogamia", mais afasta o homem. Quanto menos você perguntar, mais ele vai falar. Todas as negociações devem ser 95 por cento não verbais e cinco por cento verbais. Você precisa agir como se ainda o estivesse conhecendo e a ideia de compromisso fosse algo a quilômetros de distância de sua cabeça. Até porque você está *mesmo* conhecendo aquele homem para avaliar se o quer por companheiro.

Se decidiu que quer investir em um relacionamento mais profundo, elimine atitudes ou palavras que o coloquem na defensiva. Deixe-o desarmado. Com a boazinha, ele sabe muito bem qual é o plano, e sempre sai vencedor. Com a poderosa, ele precisa descobrir qual é a melhor maneira de se aproximar, de modo que ela se torna um desafio excitante e atraente.

No filme *Dia de treinamento*, Ethan Hawke está discutindo com o seu treinador, interpretado por Denzel Washington.

Eles estão analisando táticas de sobrevivência. O treinador diz: "Não demonstre suas alegrias e nem suas dores."

Vamos imaginar que, no primeiro encontro, vocês estão no carro dele se beijando. Enquanto faz as investidas, ele pergunta: "Onde você se vê daqui a cinco anos? Você se vê casada?" (Não acredite que ele se importa com isso. Ele só finge que está interessado em um "relacionamento significativo" para chegar aonde quer.) Então a boazinha responde: "Eu me vejo casada, com dois filhos. De preferência, um menino e uma menina." (Corta! Resposta errada. Vamos reescrever e regravar a cena.)

Se um homem lhe fizer uma pergunta direta sobre casamento e filhos, use uma das seguintes alternativas:

"Casamento? Pode ser, se um dia eu encontrar uma pessoa especial que possa ser meu companheiro de vida."

"Para dizer a verdade, não penso nisso. Acho que dependeria da pessoa, e, além do mais, quero antes me realizar profissionalmente."

Responda com tranquilidade. E acrescente: "Mas gosto muito de estar com você. Acho que nos divertimos bastante juntos." Veja como essa frase é traduzida pelo cérebro masculino:

Sem pressões. Sem expectativas. Sem exigências.

No final de um encontro, evite perguntar: "Quando vamos nos ver de novo? Quando você vai me ligar?" Em vez disso, sorria, dê um beijo, agradeça e diga que se divertiu muito. Em seguida, vá embora. Não se esqueça da palavra mágica: diversão. Ele é "um cara muito divertido". Isso o faz ver que você vive o presente. E que condiciona o tempo que passam juntos ao modo como é tratada.

Após vários encontros, se ele perguntar, você pode dar uma *pista* ou insinuar que não está indo para a cama com mais ninguém. Em primeiro lugar, ele tem que parecer sincero e persistente, e sair com você algumas vezes. Em segundo lugar, ele tem que lhe transmitir a mesma segurança e perguntar se *você* está saindo com mais alguém. Não seja a primeira a mencionar o assunto. Um pouco de segurança ajuda a mantê-lo no jogo. Mas em relação ao futuro? (Ops!) Ah, não sei! Só dá para visualizar até o próximo fim de semana.

Para uma mulher boazinha, pode parecer difícil. Para a poderosa, é um comportamento quase natural. Mas, para um homem de qualidade, é uma verdadeira maravilha. De repente ele pode simplesmente relaxar e se divertir. "Isso é muito legal! Enfim posso me aproximar de uma mulher sem me preocupar com a possibilidade de ela pegar no meu pé." Agora você se transformou na mulher com quem ele sempre sonhou, de quem sempre ouviu falar, mas que nunca tinha conhecido. *Então, ele baixa a guarda e pode se apaixonar*.

Portanto, quando tiver um encontro, converse sobre tudo o que a entusiasma, mas não fale sobre "o futuro", filhos ou casamento. E se interesse pela vida dele, por suas preferências, seu trabalho, sua visão das coisas. Se for um homem de qualidade, a conversa vai ser interessantíssima, e ele vai ter vontade de conhecê-la melhor. Caso contrário, você não perde seu tempo.

Atenção, boazinha! A receita perfeita para botar um homem para correr é falar sobre seu desejo de ter filhos, é derreter-se toda vez que vir um recém-nascido agarrado ao peito da mãe, é descrever a casa dos seus sonhos, e assim por diante. A pá de cal definitiva na relação é enviar-lhe um cartão no qual você diga: "Não consigo dormir nem comer. Penso em você o tempo todo. Mal posso esperar para começarmos o nosso futuro juntos."

A PODEROSA O CONVENCE DE QUE FOI *ELE* QUE "CONQUISTOU" O COMPROMISSO

Dois ou três meses se passaram e, apesar de continuar agindo de forma doce e carinhosa, você se mostra ligeiramente insegura sobre o futuro da relação. Isso o deixa confuso, e ele se pergunta: "Espere aí, por que ela não está me pressionando para assumir um compromisso?" Em determinado momento, ele vai mencionar o assunto. Uma boa resposta é:

> *"Eu gosto muito de você, mas não estou tão certa sobre nós dois. Ainda estamos nos conhecendo."*

A reação imediata do homem será intensificar os esforços para conquistá-la. Por quê? Porque ele quer provar que é uma escolha digna. E aí você poderá decidir se ele é realmente o homem que deseja ter como companheiro.

PRINCÍPIO DO DESEJO Nº 24

Se um homem não se sentir seguro de seu sentimento por ele, vai se apegar, achando que você poderá sumir a qualquer momento. É então que ele vai acalentar a ideia de assumir um relacionamento mais sério.

Ele pode suspeitar que outros homens estejam atrás de você. E é bom que ele fique na dúvida. Mas nunca fale sobre outros homens. Apenas diga de vez em quando que não pode sair, e ele automaticamente vai começar a imaginar coisas.

Manter certa distância faz um homem se fixar em você e o motivo disso é que nove entre dez mulheres *assumem o papel de namorada logo no início do relacionamento.* Em primeiro lugar, ela começa a telefonar à noite para se certificar de que ele já está em casa. Em seguida, reorganiza todo o armário dele. Enche os fins de semana dos dois com festas de casamento, *open houses* e visitas a casais amigos que tiveram bebê. Em pouco tempo, ele começa a ter saudades do futebol. E dos domingos no sofá, vendo televisão e bebendo cerveja.

É por isso que os homens se afastam: a mudança é rápida demais, seus hábitos e gostos não são consultados, e ele se vê envolvido numa avalanche indesejável. O homem se sente manipulado, pressionado, encostado contra a parede, sem possibilidade de escapar. Então, sai correndo porta afora... como se estivesse sob fogo cerrado.

Lembre-se: você quer discutir compromisso e relação, e essa é a última coisa que ele deseja. Respeite o tempo, o processo. Se o relacionamento é gostoso, se ele se sente bem na sua companhia, mas ao mesmo tempo é livre para dedicar-se aos próprios interesses, o homem se envolverá cada vez mais, até chegar o momento em que desejará exclusividade e compromisso. E a mulher poderosa também terá tempo para avaliar se ele é o companheiro que ela deseja.

PRINCÍPIO DO DESEJO Nº 25

Não há nada que um homem valorize mais do que aquilo pelo qual ele tenha que esperar, trabalhar ou lutar.

Porque ele acha que poucos homens poderiam conquistá-la e ele conseguiu, portanto, ele é "especial".

Os homens são competidores natos. Para eles, dominar significa conseguir a mulher que realmente desejam. Aprisionamento é sentir-se amarrado por uma mulher que *o* tenha escolhido. Esta última hipótese equivale a uma castração. Por isso, deixe-o acreditar que tem o controle.

Veja como:

CONVENCÊ-LO DE QUE ELE É UM VENCEDOR... OU QUASE.

- Comece devagar, sem dar a impressão de que você quer se prender demais a ele. Na cabeça do homem, isso quer dizer que ele não é "maravilhoso"... ainda.
- Em seguida, comece a encorajá-lo. Vá aos poucos, dizendo a verdade, mas elogiando sem exageros. "Você é tão inteligente!" Agora, ele sente que você o admira, e isso lhe dá prazer, mas ele continua achando que domina a relação e que controla "aonde ela vai chegar".
- Não se esqueça de dizer: "Gosto muito de ouvir sua opinião. Posso lhe pedir um conselho?" Ele vai se sentir valorizado, e você vai ouvi-lo com toda a atenção, durante o tempo que for necessário, e agradecendo ao final a contribuição que ele lhe deu.
- Seja discretamente carinhosa em público. Toque a parte baixa das costas dele quando estiverem na fila do cinema e segure de leve sua mão durante o jantar. Acaricie seu joelho ou nuca quando ele estiver dirigindo. Mas não se exceda – é só um pouquinho. E tente manter o sexo a distância.
- Quando ele ficar um pouco mais excitado, não se mostre muito "fogosa". Se ele acariciar suas nádegas, ou tentar colocar a mão perto dos seus seios, aceite o gesto, mas só um pouco. Então diga algo do tipo: "Vamos devagar." Ele será paciente, desde que não sinta que está perdendo tempo *e possa ver alguma luz no fim do túnel.*
- Se ele a beijar e você respirar fundo e reagir ardentemente, ele irá pensar: "Ela está pronta para a transa." Se, por outro lado, você se mantiver tranquila quando ele começar a aca-

riciá-la, ele terá que se perguntar o que você deseja. Mantenha-o nesse lugar, pois então ele estará pensando em como lhe agradar e em como conquistá-la.

- Quanto mais tempo você o mantiver em estado de dúvida, sem saber se a conquistou, mais ele irá valorizá-la e se apegar a você.
- Cubra a panela. Abaixe o fogo e deixe ferver lentamente.

Quando um homem liga o botão da caça, ele tem uma sensação semelhante à de estar em um cassino, jogando na máquina caça-níqueis. Ele pode perder dez vezes seguidas, mas continua sentado no banquinho, pensando: "Dessa vez eu vou ganhar." Sempre que pensar que está perdendo, basta você providenciar mais algumas fichas. Se pedir que ele conserte algo, faça com que se sinta um vencedor. Quando você o convence de que ele teve uma grande ideia, ele já se sente um vencedor. Se ele sugerir um filme que tem mais tiros que palavras, e você recusar, mas, vinte minutos depois, disser "Você tem razão, vamos ver esse filme", ele venceu outra vez. Não se trata de fingimento. Como sabe o prazer que o homem experimenta quando se sente vencedor, a mulher poderosa cede, porque para ela é mais fácil fazer isso. Depois, pode comentar que não gosta muito desse gênero de filme, mas que aceitou o convite para estar com ele e deixá-lo contente. E na próxima vez, irá sugerir que façam um programa de sua preferência, mas sem impor. Se ele não aceitar, e você desejar muito, convide amigas para ver a peça, o filme ou o show. Não como uma agressão ou um revide, mas simplesmente para valorizar sua escolha.

Quando um homem precisa imaginar o que você quer, o compromisso se torna desejável, porque ele tem a chance de mencionar o assunto sem correr o risco de vê-la pular em cima dele. Além disso, ele não precisa se preocupar: "Será que ela me ama mesmo, ou ama a fantasia de um casamento?" Essa é uma questão crucial na equação masculina do compromisso.

Por outro lado, se você passa dos limites, ele se coloca na defensiva de modo sutil. Isso significa que o relacionamento *parece* avançar, mas, na verdade, não vai a lugar nenhum. Visualize um avião taxiando na pista, andando em círculos, mas nunca levantando voo. É assim que os homens costumam agir nos relacionamentos. Eles fazem com que pareça que a relação está progredindo, mas colocam você na geladeira. Evite essa situação *não deixando óbvio* que deseja um "relacionamento significativo", e observando as atitudes dele com cuidado.

Como isso tudo é muito importante, vamos recapitular a dinâmica típica de um namoro, para que você possa reconhecer a armadilha na qual não deve cair.

POR QUE O HOMEM ENTRA EM PÂNICO QUANDO SE TRATA DE ASSUMIR UM RELACIONAMENTO

Em primeiro lugar, ele conhece uma mulher de quem gosta muito. Sua atitude independente e levemente misteriosa deixa nele uma forte primeira impressão.

"Ela não está atrás de um casamento. Ela gostou de mim por quem eu sou. Quero conhecê-la melhor."

Até agora, tudo bem. Se ela começar a sondar as "intenções" dele ou "o futuro" do relacionamento, ele é capaz de dizer:

"Vamos nos conhecendo aos poucos para ver aonde isso vai nos levar." **Ou:** ***"Vamos dar um passo de cada vez."***

A mulher, muitas vezes, interpreta isso como uma rejeição.

Então começa a pressioná-lo para conseguir respostas que a tranquilizem:

"Para onde essa relação está nos levando?" "Como você imagina o futuro?" "Como está a nossa situação?"

(Agora, vamos dar uma pausa.) É por isso que você não consegue a resposta pela qual tanto anseia. Se ele estiver operando em seu próprio ritmo, compromisso e exclusividade são assuntos que ele só trará à baila entre três e seis meses depois do início da relação. A maioria das mulheres não espera tempo suficiente. Elas abordam o assunto entre a segunda e a quarta semana. Antes de assumir um compromisso, um homem deve se sentir desejado *por ser quem ele é*, e acha que, depois de apenas duas semanas, você não pode conhecê-lo o suficiente para tomar uma decisão dessas. E isso é verdade. Não se trata de "fobia a compromisso". Ele quer sentir que foram as qualidades e os talentos reais dele que a conquistaram. E também quer ter certeza de que você não aceitaria qualquer sujeito que lhe abrisse os braços. Essa é a razão número um da fuga de um homem. É por isso que você precisa respeitar o tempo dele, e também ter tempo para tomar uma decisão de tamanha importância como essa. Ele quer que sua pesquisa seja completa e profunda, e saber que você vai escolhê-lo apenas se estiver convencida de que ele é o melhor. Se você demonstrar pressa, ele irá pensar:

"Ela é insegura e precisa preencher um vazio."
"Ela não consegue ficar sozinha."
"Só estou assumindo um papel. Ela precisa de mim para assinar os cheques que farão seus sonhos se tornarem realidade."

"O desejo dela de garantir um compromisso não tem nenhuma relação comigo como pessoa."

E logo as defesas masculinas entram em ação:

"Espaço. Eu preciso de espaço."
"Estou muito ocupado com o trabalho."
"Minha situação precisa mudar antes que eu possa assumir um compromisso."
"O problema não é com você. É comigo."
"Meu terapeuta disse que excesso de intimidade seria prejudicial à minha cura emocional."
"Eu não estou pronto... neste exato momento. Mas pode ser que eu me sinta diferente daqui a algum tempo. Enquanto isso, seria bom você tentar me convencer, de preferência quando formos para a cama..."

Toda vez que você pressiona para obter uma definição, o homem desacelera ou recua. Invista no aprofundamento da relação, torne os momentos que passam juntos tão agradáveis quanto possível. Aos poucos, você será indispensável, e partirá dele a sugestão de um compromisso mais estável. Deixe que ele sinta que foi iniciativa dele. Os homens são caçadores, e as mulheres poderosas sabem disso.

Shawn e Theresa exemplificam muito bem o que costuma acontecer depois de seis ou nove meses de estrada. Os dois estavam seriamente envolvidos havia quase um ano. Ele já tinha sido casado. A ex-mulher estava se casando outra vez e deixando para ele a casa em que tinham morado. Shawn disse a Theresa que estava animadíssimo, e a levou para conhecer o imóvel. Quando entraram na sala, ela disse, sem pensar:

"Quando se mudar, eu venho morar com você!" Até aquele momento, Shawn vinha pensando mais ou menos a mesma coisa. Mas, ao ouvi-la falar, ele teve vontade de se mudar para bem longe, na direção oposta. Na cabeça de Shawn, a decisão teria de ser dele. Jamais dela.

PRINCÍPIO DO DESEJO Nº 26

No instante em que a mulher entrega ao homem um compromisso mais sério, como se fosse um presente em uma bandeja de prata, ele reluta em aceitá-lo.

É por isso que são frequentes os relatos sobre como os homens entram em pânico quando uma mulher deixa a escova de dentes ou o secador de cabelos na casa dele. Os homens consideram intromissões mortais várias atitudes que as mulheres tomam para "acelerar as coisas". Quando os entrevistei, eles afirmaram que percebem até as nuances mais sutis. A lista a seguir é baseada nas respostas que obtive:

- **Não o apresente como seu "namorado" logo de cara.** Isso sugere que você está se preparando para um relacionamento duradouro, e, como já vimos, é melhor dar a impressão de que você ainda não se decidiu. E a poderosa certamente não se decidiu em um espaço de tempo tão curto.
- **Não fique lançando olhares apaixonados, sobretudo em público.** Em momentos de intimidade, um olhar mais romântico pode ser carinhoso e excitante. Mas o excesso desses olhares, sobretudo no início da relação, dá ao homem a impressão de ser visto como uma presa, prestes a ser atacada.
- **Quando se trata de mensagens de voz, quanto mais curtas, melhor.** Não declare seu amor para a caixa postal. Algo íntimo ou meloso demais depois de um ou dois encontros pode parecer inadequado e provocar mal-estar. Ao deixar

uma mensagem, diga seu nome e seu número de telefone, de forma natural, como faria com qualquer amigo. Ele vai sentir que precisa se empenhar para conquistá-la.

- **Se estiver em um site de relacionamento, não revele muito.** Se você conhecer alguém através da internet, assegure-se de que o seu perfil não seja muito descritivo e revele pouco a seu respeito. Você tem uma vida plena, alguns passatempos preferidos e deseja conhecer "um amigo com quem possa sair e se divertir". Não escreva que você está "cansada dos namoros de hoje em dia" e nem que está à procura de um romance intenso. Não faça uma lista dos seus interesses como "adoro morangos cobertos de chocolate, passeios na praia, escapadas românticas". Se o homem ler que você aprecia essas coisas antes de encontrá-la pessoalmente, não se sentirá autêntico ou especial ao fazê-las com você. Seu perfil não deve dizer que você está procurando a sua "cara-metade" ou que "adora crianças".
- **Com mensagens de texto, uma ou duas frases curtas bastam.** Escreva como se fosse no Twitter, onde há um limite de caracteres. Mande mensagens como se estivesse escrevendo a um colega de trabalho (se estiver atrasada ou para confirmar planos). Diga que detesta escrever mensagens de texto para, dessa maneira, levá-lo a adquirir o hábito de telefonar e ir vê-la pessoalmente.
- **Não lhe dê um porta-retratos com a sua fotografia, dizendo que é para colocar em casa ou no escritório.** Espere que ele lhe peça. Caso contrário, ele se sentirá invadido. E não lance olhares malévolos às fotos de ex-namoradas. Quando o compromisso se tornar sério, diga-lhe que essas fotos a incomodam, e lhe peça que se desfaça delas. Serenamente, sem agressividade, mas com a firmeza de quem quer construir uma relação que faça os dois felizes.

- **Não deixe este livro, ou qualquer outro sobre relacionamentos, em cima de uma mesa, onde ele possa vê-lo.** Se ele perguntar, diga que você não lê romances água com açúcar. Você não lê livros sobre relacionamentos. Esconda este livro como se fosse um produto contrabandeado.
- **Não mude seu status no Facebook para "relacionamento sério", com um coraçãozinho, uma carinha feliz e a fotografia dele.** Um homem acha que só existe uma razão para as mulheres exibirem o relacionamento na mídia social: demarcá-los como um "território ocupado".
- **Não mencione a família dele e nem o leve para conhecer a sua enquanto ele não assumir um relacionamento mais sério.** Você não tem garantias de que sua família não vai falar demais. Seu irmão pode dizer "Gosto mais desse do que daquele outro babaca". Sua mãe pode querer perguntar quando será o casamento. Seu pai pode acrescentar: "Afinal, ela já não é nenhuma criança!" Sua avó vai achar que você já está casada e dizer: "Peça ao seu marido para me trazer um bolinho."
- **Não se declare nos primeiros dois meses.** Você ainda não o ama, não sabe qual será o futuro da relação. Você *gosta* dele. Só isso.
- **Não use palavras do tipo *nós, nosso, destino, alma gêmea* ou qualquer outra que indique um sentimento de "união".** Não use frases apelativas do tipo *era o destino* ou *o universo conspira a nosso favor*. Se ele ainda não tomou uma decisão, essa pieguice vai fazê-lo correr assustado. Deixe que ele seja o primeiro a dizer essas coisas para você.
- **Não comente suas sessões de terapia, os remédios antidepressivos que toma, nem seus problemas de infância.** À medida que a relação for se aprofundando, esses assuntos serão abordados para que vocês se conheçam melhor. Mas respeite o processo.

- **Não tente mostrar como você é boazinha e confiável.** Não diga que você adora caridade, órfãos e idosos, se isso não for verdade. Não insista nesses assuntos. Jamais afirme: "Eu não minto nunca." Se fizer isso, ele saberá que você está mentindo, porque não existe ninguém que não minta de vez em quando.
- **Não tente rearrumar a mobília ou os objetos da casa dele, mesmo que deteste a decoração.** Mais uma vez, ele vai se sentir pressionado e invadido. A mulher poderosa respeita o espaço e o gosto do outro, e só irá opinar quando forem morar juntos, se isso acontecer algum dia.
- **Não lhe dê presentes típicos de uma esposa, como toalhas ou lençóis.** Escolha algo menos íntimo, mais de acordo com as preferências dele, como um livro, um CD ou até mesmo uma camisa. Nada de cuecas ou pijamas. Além disso, quando resolverem morar juntos, você vai querer se livrar de todo aquele lixo que ele acumulou fazendo uma venda de garagem. Isso inclui as quinquilharias que ele ganhou das ex-namoradas. Planeje isso para os dias das finais do campeonato de futebol, quando o time dele estiver jogando. "Está vendo aquelas caixas enormes ali, meu amigo? Tudo isso custa um dólar. Mas só se o senhor levar tudo embora antes que o jogo acabe."
- **Não tome a iniciativa de apresentá-lo como namorado. Se ele fizer isso, não pule de alegria como se tivesse acabado de ganhar na loteria.** Olhe para ele com um sorriso meio cúmplice, dizendo: "Ah, é?"

PRINCÍPIO DO DESEJO Nº 27

A arte da sedução envolve um leve afastamento.

Isso significa que você não deve esclarecer todas as dúvidas dele a seu respeito. Não seja demasiado franca, nem óbvia, tampouco disponível, passando a impressão de que você já tomou sua decisão sobre ele. Os homens *desejam* amor e exclusividade, tanto quanto as mulheres. Mas eles não agem naturalmente – e, portanto, não demonstram isso – se estiver subentendido que essa é a postura que se espera deles, se exclusividade for algo que lhes seja enfiado goela abaixo, ou se sentirem que *não tinham a opção de agir de outra maneira.* Quanto menos você tentar se vender, mais autoconfiança irá transmitir. Sua atitude deve dizer: "Eu acredito em mim mesma." Saia com seus amigos, tenha vida pessoal, demonstre gostar da própria companhia. Na mulher poderosa, esse comportamento é autêntico. Ele então irá lhe pedir mais exclusividade.

A realidade é que os homens desejam uma "ligação emocional". Um deles disse: "O homem deseja tudo aquilo que a mulher deseja. Se você gosta dela de verdade, vai se perguntar que tipo de esposa ela seria. O homem não admite isso porque não quer que a mulher saiba que ele gosta dela *a esse ponto.* É mais seguro expressar apenas interesse sexual, pois isso é considerado 'másculo'. Mas, lá no fundo, ele também quer uma ligação emocional."

Como manter a curiosidade dele

No momento em que começarem a ficar mais próximos, não deixe que ele a monitore o tempo todo, nem que tenha "entrada livre 24 horas por dia" na sua casa. Se ele telefonar para marcar um encontro, não esteja sempre disponível, como se a única coisa importante em sua vida fosse estar com ele. Se teve que acordar para atender ao telefonema dele, não deve estar pronta para encontrá-lo vinte minutos depois. Se ele lhe enviar uma mensagem de texto depois da meia-noite, você até pode responder algumas vezes, mas também pode esperar até a manhã seguinte. Mesmo durante o dia, não permita que ele lhe coloque uma "coleira eletrônica" e que tenha acesso livre a você a qualquer dia e hora. Se você sempre responder dois minutos depois que a mensagem de texto chegar, ele vai ficar com a sensação de que você não tem outros interesses, e o relacionamento pode se tornar uma rotina monótona e previsível.

PRINCÍPIO DO DESEJO Nº 28

Você quer descobrir o padrão de comportamento dele, mas não deixe que ele descubra facilmente o seu.

O outro lado da moeda é que você também não deve dar a entender que ele precisa bater o relógio de ponto. O maior erro que as mulheres cometem é tentar controlar de perto todos os passos do homem, o que faz com que um telefonema espontâneo se transforme numa temida obrigação. Se ele achar que o telefone dele virou um GPS, como uma daquelas tornozeleiras que mostram as coordenadas do local em que a pessoa se encontra, você estará perdida: o homem irá levantar de novo a guarda (e o acesso ao coração dele lhe será negado).

Um homem não pode saber que você tem a expectativa permanente de que ele telefone, nem que sua felicidade depende disso. As poderosas fazem um esforço consciente para que sua felicidade não dependa exclusivamente de um homem. Por exemplo: Lauren estava em casa quando Hugh ligou, e eles ficaram batendo papo. Em certo momento, ele perguntou: "O que você vai fazer o resto da noite?" A maioria das mulheres comete o erro de dizer: "Ah, nada! Só conversar com você, meu bem." Mas Lauren, não. Em vez de dar essa resposta errada, ela disse: "Vou fazer um programa delicioso: tomar um banho de espuma ouvindo um CD novo e assistir a um filme tomando vinho. Não é bom?" Pode ser que ele sugira um programa a dois. Se ele não disser nada, ela talvez fique um pouco desapontada, mas de qualquer forma irá curtir essas delícias.

Os homens se encantam muito mais quando sentem que estão "roubando" o tempo de algo que você poderia estar fazendo.

A questão não é *com que frequência* você telefona nem se de vez em quando telefona, mas *seu comportamento* quando fala com ele. Quando ele ligar...

Sempre faça perguntas positivas, do tipo:

"Oi, como foi o seu dia?" "Como vai você?"
Isso significa: "Conte-me alguma coisa agradável, lindão."

Isso também significa que você quer que o tom do relacionamento seja sempre positivo e que não vai absorver a negatividade dele como se fosse uma esponja.

Evite fazer perguntas que soem como controle:

"Aonde você foi quando saiu do escritório?"
"Você não me disse onde estava. Fiquei preocupada."
"Por que você não ligou?"
"Por que não mandou uma mensagem?"
"Seu celular tocou e caiu na caixa postal. Por que você não respondeu?"

Isso significa: "Conte-me alguma coisa ruim, seu cretino mentiroso e falso." Sua negatividade gera negatividade nele.

Percebeu a diferença? No instante em que você demonstra que estava esperando um telefonema dele, ou que ficou com raiva porque ele não ligou, o homem começa a se esquivar. Mas se você se mostra feliz, numa boa, ele continua a baixar a guarda, até ficar profundamente envolvido. O fato de você não se mostrar uma mulher intrometida *irá atraí-lo de maneira inexorável.* No início, essa é a sua melhor qualidade – mais que sexo e aparência.

PRINCÍPIO DO DESEJO Nº 30

Quando uma mulher faz um homem se sentir confiável, isso o faz querer agir de maneira honrada e tomar a atitude mais correta.

No fundo, todo homem deseja agradar a própria mãe. E quando você fica feliz, ele se sente seguro, como se acabasse de levar para casa um boletim com boas notas. Assim como você deseja se sentir segura, ele deseja sentir que você confia nele. Isso o deixa confortável e sossegado. "Ela me respeita porque estou agindo corretamente." Esse pensamento o faz sentir-se importante, sem vontade de abalar sua confiança, e o leva a respeitá-la ainda mais. Acho bom repetir: estamos falando de homens de qualidade, não dos que precisam das boazinhas-capacho para se afirmar.

A pergunta que as mulheres geralmente se fazem é: "Mas, e se eu quiser que ele me telefone mais vezes?" Ou: "E se eu ficar com muita raiva se ele não me telefonar até determinada hora?" A história de Mia pode lhe dar um bom exemplo de como provocar uma mudança no comportamento masculino. Ela estava acostumada a receber uma ligação de John todos os fins de tarde. Ao sair do trabalho, às cinco, enquanto estava preso no trânsito, ele telefonava para conversar. Mia começou a sentir que ele estava "batendo ponto", como se cumprisse mais uma de suas obrigações diárias, o que levaria a uma rotina desgastante. Mas, em vez de pedir que ele mudasse, ela mudou. Simplesmente passou a não atender à ligação às cinco horas.

Se um homem costuma falar com você às cinco horas, mas de repente não consegue, ele volta a ligar às seis... às sete... e às oito, até conseguir encontrá-la. É assim que você transforma um telefonema rotineiro em um evento excitante. Os homens ficam ansiosos, um pouco inseguros, e imaginam mil coisas. Mas se confiam na mulher, o telefonema – quando ela finalmente atende – lhes dá enorme alegria e entusiasmo. Quanta emoção positiva!

No entanto, se você combinar de estar em algum lugar ou de telefonar em determinado horário, é importante que cumpra com sua palavra. O que você quer modificar é a reação dele diante dos telefonemas esperados que não vêm. Aqui estão alguns modos de conseguir o que se quer sem ter que reclamar nem se explicar. Mas lembre-se de que estamos falando de comportamentos a ser adotados no início da relação. À medida que ela se prolonga e aprofunda, a intimidade e a verdade podem ser exercidas com muito proveito para os dois.

SE ELE...	VOCÊ DEVE...
Demorar algumas horas para retornar seu telefonema...	Levar certo tempo para atender. Isso vai manter a relação recíproca e equilibrada.
Ficar telefonando ou enviando mensagens de texto para adiar o compromisso das cinco horas... para as seis... as sete...	Concordar com o primeiro atraso. Se ele adiar outra vez, cancele o compromisso de maneira educada. Sugira que se encontrem no fim da semana.

Telefonar muito depois da hora combinada...	Deixar a secretária eletrônica atender. É incrível como dois telefonemas não atendidos o farão perguntar: "Você está chateada comigo?" (Resposta certa: "De jeito nenhum. Tenho estado muito ocupada.")
Telefonar ou enviar uma mensagem às nove horas e quiser se encontrar às dez...	Dizer que irá dormir cedo. Isso o fará planejar as saídas, avisando com mais antecedência.
Telefonar ou enviar uma mensagem em algum horário no qual você, normalmente, já estaria dormindo...	Esperar até o próximo encontro e pedir, educadamente, que ele não ligue depois de determinada hora. Isso demonstra que você pode muito bem viver sem conversar com ele e que não está preocupada em saber por onde ele anda durante a noite.
Quiser vê-la apenas pelo tempo suficiente para fazerem sexo...	Recusar o convite e sugerir outra noite, quando vocês dois tiverem mais tempo livre.
Não telefonar quando estiver viajando...	Garantir que ele não consiga entrar em contato com você quando voltar.
Estiver de péssimo humor...	Dar-lhe um beijo no rosto, dizer que precisará acordar cedo e ir para casa.

Independentemente de quantas vezes por semana ele telefone, envie mensagens ou queira encontrá-la, não esteja sempre cem por cento disponível.

PRINCÍPIO DO DESEJO Nº 31

Os homens gostam de regras e diretrizes. Se houver algo de que você não goste, ele irá respeitá-la por dizer-lhe isso. Ele quer saber o que é permitido e o que não é.

Para a maioria dos homens é bastante excitante estar com uma mulher cujo comportamento demonstre que ela tem uma vida pessoal satisfatória e que, se ele quiser um relacionamento mais intenso, terá de se integrar à *vida dela*.

Isso também serve para manter bem mais quente a temperatura de um casamento. Tenho uma amiga, Nicole, que se casou há pouco tempo com um europeu. Todos os anos ele visita os pais na Europa. Quando nos encontramos para almoçar, ela estava falando ao celular, dizendo ao marido que naquela noite iria ao cinema. Quando encerrou a ligação, ela riu: "Ele me telefona três vezes por dia para saber o que estou fazendo. Quer ter certeza de que estou me comportando bem." Ela também telefona para o marido na Europa – até porque gosta muito dele –, mas só de vez em quando.

Você já percebeu que os homens adoram distraí-la quando você está ao telefone? Essa é a hora em que eles amam beijá-la no pescoço e atrapalhar sua concentração. Não há nada mais atraente para um homem que uma mulher que esteja distraída, pensando em algo que não seja ele.

Ser inacessível ou independente não tem nenhuma relação com distância ou proximidade física, mas com a quantidade de acesso que ele tem ao seu espaço mental. Você pode morar na própria casa e ser totalmente *transparente*, ou pode estar no quarto ao lado e ser bastante misteriosa.

Por exemplo: Jenny mora com o namorado. Ela reclamava com o rapaz que se sentia ignorada enquanto ele assistia à televisão, sentado no sofá. Até que, um dia, ela não reclamou: foi para o quarto e começou a ler um bom livro. Três noites depois, ele desligou a TV mais cedo e foi para a cama, na esperança de ficar abraçadinho com ela. Mas Jenny não parou de ler de imediato. Como era de esperar, ele usou todas as maneiras possíveis para conseguir a atenção dela.

PRINCÍPIO DO DESEJO Nº 32

Os homens adoram saber que existe uma pequena parte da mulher à qual eles não têm acesso.

Linda, uma das minhas amigas casadas, disse que quando o marido começa a ignorá-la, ela entra no banheiro para se maquiar com capricho. Em seguida, escolhe um belo vestido e se perfuma. Na mesma hora, ele pergunta: "Aonde você vai assim, toda arrumada?" E ela responde algo como: "Vou ao Starbucks me encontrar com a Sue. Estou com saudade dela." E ele questiona: "Você vai vestida... *assim*?"

Acrescente-se a esse cenário o fato de que o marido de Linda *sabe* que está sendo negligente. Por isso ele se preocupa quando percebe que ela busca a companhia de outras pessoas. E nunca falha. Algumas vezes, ele a seduz para que ela desista de sair; em outras, faz reserva em um restaurante e a leva para jantar.

PRINCÍPIO DO DESEJO Nº 33

Os homens percebem onde você esteve por sua aparência ao voltar para casa. Se estiver bem-arrumada depois de ter saído sem ele, vai deixá-lo com a pulga atrás da orelha.

Muitas vezes as mulheres não entendem o clichê "os homens sempre querem o que não podem ter" e acham que precisam estar cercadas de outros homens. Vamos deixar bem claro: ele não precisa competir com outros homens. Ele precisa, isso sim, sentir que "conquistou" sua atenção, desviando-a de outros interesses e das atividades que você aprecia fazer.

Minha amiga Helene, que acabou de ficar noiva, é corretora de imóveis. Seu noivo telefonou e disse: "Oi, me encontre no final da tarde." Ela respondeu que não poderia, porque precisava mostrar alguns imóveis às seis horas. Ele tentou persuadi-la a cancelar os compromissos: "Ora, venha comigo. É a melhor hora do dia!" E ela, em tom de brincadeira, respondeu: "Para mim, a melhor hora é quando recebo meu pagamento. Ao abrir o envelope, fico na maior alegria."

PRINCÍPIO DO DESEJO Nº 34

Você se torna menos interessante no instante em que abre mão do que é importante em sua vida.

O certo é ser muito clara e franca desde o começo. Dizer a ele que, de vez em quando, sairá com suas amigas ou atenderá a compromissos de trabalho. Em outras palavras: haverá momentos só seus. Isso tem que ser feito de maneira gentil. Mas não exagere. Use a seguinte fórmula:

HORÁRIOS BLOQUEADOS

"Não posso vê-lo no dia X, mas posso vê-lo no dia Y."

Por exemplo:

"Não posso vê-lo na quarta-feira porque prometi a uma amiga que iria à exposição de quadros dela. Você quer sair na quinta-feira?"

"Nesse fim de semana não vou poder encontrá-lo porque receberei alguns parentes. Mas quer sair na terça à noite, depois que eles tiverem ido embora?"

"Durante a semana será difícil. Tenho que terminar dois trabalhos. Que tal no fim de semana?"

Se quiser, acrescente que é uma pena não poder encontrá-lo, e que vai ficar com saudade. Mas siga em frente e preserve sua vida pessoal. Isso fará com que ele a valorize e admire, e que deseje muito mais a sua companhia. *Se ele for, é claro, aquele homem de qualidade que você deseja ter como companheiro.*

Mas não exagere na dose: ele vai achar que é um jogo ou que você está lendo algum livro sobre relacionamentos que ensina a torturar os homens. Portanto, aja com naturalidade. Apenas não abra mão de todos os seus interesses. Algumas vezes, você está disponível; outras, não, como funciona com qualquer outro amigo.

Se ele souber que você tem outros compromissos sociais, terá que se adaptar à sua programação. E isso tem tudo a ver com casamento, pois demonstra a característica que ele mais deseja numa mulher: *Você é um ser completo sem ele e não precisa dele para validar a sua autoestima.*

PRINCÍPIO DO DESEJO Nº 35

A fórmula mágica é dar um pouco... e tirar. Dar um pouco... e tirar.

É um pouco como no jogo de pega-pega: se você fica parada, ele deixa de correr atrás de você. Mas, quando você se mantém em movimento, ele a persegue. Mesmo se forem casados, o fato de não ter acesso total a você recarrega as baterias dele.

Quando perguntaram a Dolly Parton qual era o segredo de seu casamento feliz de tantas décadas, ela disse que fazia as malas e viajava sempre que o marido começava a ignorá-la. "Esse é o meu segredo, querida... Eu simplesmente desapareço!"

3

O SOL NASCE E SE PÕE NAS CUECAS DELE

COMO APIMENTAR NA MEDIDA CERTA A RELAÇÃO ENTRE QUATRO PAREDES

Não se trata de sexo antes do casamento se você não tiver nenhuma intenção de se casar.

– GEORGE BURNS

Devagar e sempre se vai ao longe

Um antigo programa de televisão narrava o dia a dia e as divertidas aventuras de um grupo de sobreviventes em uma pequena ilha do Pacífico. Havia duas mulheres muito atraentes: Ginger, uma estrela de cinema exuberante e sensual, e Mary Ann, a menina ingênua do interior. Os homens costumavam debater sobre qual das duas era a mais desejável. Ginger usava sua sensualidade abertamente e flertava com todos. Ela se atracava com os homens atrás dos arbustos e eles nem se preocupavam em ajudá-la a sair de lá quando tinham acabado. Por outro lado, a maioria deles daria tudo por uma *chance* de estar com Mary Ann. Por quê? Porque a achavam sexualmente mais desejável. Ela exalava saúde e bem-estar. Isso dava asas à imaginação masculina.

Qual a relação disso com casamento? Para o tipo Ginger, o homem providencia um belo quarto de hotel para uma noite. Mas Mary Ann é o tipo de mulher com quem ele se casa. Por quê? Porque os homens têm muito sentimento de posse em relação à sua esposa. E com mulheres como Mary Ann, eles se sentem muito mais seguros.

PRINCÍPIO DO DESEJO Nº 36

As mulheres aprendem que uma transa fantástica conquista o coração de um homem. Isso é falso. O fato de ir para a cama com você não significa que o homem lhe dê importância. Mesmo que o sexo seja sensacional.

Com quem você se vê no futuro? Com um dançarino do Clube das Mulheres, cheio de notas enfiadas num tapa-sexo amarelo--neon? Ou com um homem de boa aparência, amável e atencioso, que tenha um futuro profissional promissor? Como você, os homens também desejam uma mulher de qualidade, de quem possam se orgulhar, com quem possam compartilhar a vida e ficar abraçadinhos conversando e tomando uma taça de vinho.

Não custa repetir: *um homem de qualidade não se casa com uma mulher que se desvaloriza.*

É ridículo observar a frequência com que aparecem artigos do tipo "100 dicas sexuais que vão deixá-lo louco". A maioria é de uma tolice tão grande que você se sente idiota só por tê-las lido.

Aqui está o que os assim chamados especialistas *deixam de lhe contar*: diante de uma transa delirante, que a faça gemer como se fosse uma profissional tarimbada, ele vai "bater e correr". Por quê? Porque o sexo parece algo *banal.*

Vamos imaginar que você tenha seguido todas as dicas. Usou uma calcinha comestível, manteve um bom ritmo, usou aqueles itens de látex vermelho, fez acrobacias na cama e não se esqueceu das algemas forradas de pelúcia nem do globo de espelhos rodando acima da cama. Digamos que você tenha amarrado as mãos e os pés dele com a sua meia-calça, que tenha ficado de quatro e latido como uma cachorra. A pergunta que não quer calar é a seguinte: por que isso não leva a um relacionamento duradouro?

O primeiro pensamento dele é:
"Nada poderá ser melhor que isso."

Sua impressão é:
"Não há desafios. Não preciso me esforçar."

O segundo pensamento que lhe ocorre é:
"Ela parece uma máquina cumprindo uma rotina. Com quantos outros homens ela já deve ter feito isso?"

Ele acaba pensando:
"O que quer que eu faça nunca será melhor do que o que ela já experimentou. Ela me acha um cara banal, por isso o sexo comigo é banal."

Todo homem costuma comparar-se aos outros. Se ele a levou para a cama com muita facilidade, conclui que outros homens também o fizeram. E todo homem gosta de se iludir e de acreditar que ele (em todo o seu esplendor) é quem irá iniciar a parceira no fantástico mundo do sexo. Será ele quem irá lhe ensinar alguma coisa nova. E que você jamais teve um orgasmo antes de transar com ele. Portanto, quando a mulher sugere posições das quais ele nunca ouviu falar, o homem sabe que ela já "foi instruída" e começa a pensar: "Por que eu faria com ela coisas que foram ensinadas por outros sujeitos?"

Quando se trata de um homem de qualidade, com quem vale a pena casar, um sentimento pessoal de "somente minha" é algo que os homens desejam.

Recentemente, conversei com uma dançarina erótica durante um evento de autógrafos. Ela me disse que, devido ao seu trabalho, sentia que possuía mais "habilidades" para oferecer a um futuro parceiro. Minutos depois, ela me contou que não conseguia encontrar um homem que a namorasse e que saía apenas com os que conhecia no trabalho (enquanto realizava sua performance).

Você não precisa matricular-se em um curso superior de dança erótica e formar-se com menção honrosa para decifrar esse enigma. Mulheres que trabalham na indústria do sexo não possuem a patente de como dar prazer a um homem. Em primeiro lugar, tudo que elas têm você também tem. Em segundo, não é preciso treinamento profissional nem diploma em malabarismo. Não é tão difícil assim dar prazer a um homem. (Se ele não estiver com tesão, prepare-lhe um sanduíche.)

Mas há uma parte que eles não incluem no currículo do curso superior de dança erótica. Quando o homem acha que você não tem mais nada a acrescentar, ele a coloca na categoria "Só para sexo". E se você está nessa categoria, ele não terá um relacionamento e nem um compromisso com você. Bem, não exatamente. Na sua cabeça, a relação está evoluindo. Na cabeça dele? Não passa de um programa para uma só noite que está se alongando por mais algumas semanas ou meses.

Supondo que um homem não esteja saindo com uma mulher nua que faz *pole-dance*, o primeiro ponto que ele analisa é como ela se veste e se comporta. Ela abusa da sensualidade?

Um sujeito chamado Doug explicou: "Quando a mulher mostra *menos*, ela se torna *mais* atraente. Isso desperta no homem o desejo de descobrir o que está debaixo da roupa."

Se a mulher usa algo que não "mostra tudo", como calças jeans, salto alto e um suéter que revela suas formas, isso já é o bastante. A mensagem que o homem lê é:

"Ela parece bem-feita de corpo."
"Os atributos físicos dela não estão em uma vitrine."
"As partes sensuais dela são uma área restrita."
"Vou ter que me esforçar para conseguir ver o que está ali embaixo."

... e num segundo o potencial de relacionamento e o valor de mercado dessa mulher sobem. Você pode ser sensual, mas com classe, o que causa um impacto muito mais duradouro. Se, no primeiro encontro, a mulher aparece usando um fio-dental com strass aparecendo acima do cós ou com uma minissaia colada, ele pensa o oposto:

"Não tem problema eu brincar um pouquinho com a mercadoria, pois ela já está em exposição."
"Qualquer homem pode chegar até aqui."
"Se eu ficar com ela, não significa que sou especial."

Quando um homem de qualidade deseja um relacionamento sério com uma mulher, ele prefere ver menos pele exposta em público e manter o show sexual só para ele. Ele prefere abrir o presente bem devagar, quando estiverem a sós. Isso significa que você deve cobrir as tatuagens que foram feitas nas áreas íntimas. Prefira uma blusa justa a um decote muito profundo. Opte por um vestido leve que revele um pouco da silhueta feminina. Ou uma saia longa com uma fenda lateral em vez de uma minissaia que mostre toda a perna. Por quê? Porque traz o elemento-surpresa que atiça a imaginação masculina. Não saber em que momento uma perna vai aparecer desperta a imaginação dele. E quando a curiosidade é despertada e *ele fica pensando em você*, esses pensamentos se voltam para o futuro.

Usando a carta da feminilidade

Quando a mulher olha uma roupa, ela enxerga cores, tecidos e estilo. O que os homens enxergam?

1. Se a mulher que a está usando é feminina.
2. Se ela é ou não um desafio mental.
3. Se ela tem autoconfiança.

Se você quer que um homem a trate como uma dama, demonstre a sua feminilidade. Isso o deixa derretido. Ele não tem defesa contra a feminilidade.

A feminilidade é para o homem o que a criptonita é para o Super-Homem. A marca da sua roupa não é importante para ele. Você alcança efeitos muitos mais surpreendentes quando escolhe tecidos femininos, cores femininas, itens femininos, maquiagem feminina e perfumes femininos.

Eric é um exemplo clássico da rapidez com que os homens rotulam as mulheres. Ele conheceu Jennifer no trabalho e a convidou para sair. Quando lhe fez o convite, ela estava usando uma blusa de seda ligeiramente decotada, uma saia justa e sapatos de salto alto bem clássicos. Então, Jennifer foi para casa se arrumar. Achando que ia impressionar Eric, vestiu uma camiseta justa e curta, com um decote que mostrava boa parte do colo e calças jeans de cintura bem baixa. Isso revelou sua nova tatuagem. Por cima, uma jaqueta curta que ela tirou ao chegar.

A opinião de Eric? "Preferi mil vezes a roupa que ela usava no trabalho, era muito mais sensual." Os homens que têm uma carreira pensam em como você vai representá-los se forem vistos ao seu lado em público, por exemplo, na festa de Natal da companhia. Mais revelador não significa mais feminino. Há um motivo pelo qual eles criaram a expressão "mística feminina". Mais misteriosa e ligeiramente menos óbvia... é igual a mais feminina. E isso também mostra que você é mais confiante.

PRINCÍPIO DO DESEJO Nº 38

Quando a vê usando roupas muito reveladoras, um homem imagina que você não tem outros atributos para mostrar...

... e ele não a levará a sério nem pensará em você como alguém que valha a pena conhecer melhor para um relacionamento duradouro. Lembre-se, quando ele a vê usando roupas minúsculas, a primeira coisa que lhe ocorre não é que você está linda, são todos os outros homens com quem você já foi para a cama. No entanto, quando a vê usando algo feminino, ele logo se sente mais másculo. Essa sensação de exclusividade, de "só minha", vale muito mais do que roupas sensuais e truques de dança erótica.

Nos grandes filmes ou histórias de amor, você já viu alguma mulher fantasiada de menina, com roupa de bolinhas ou uma coleira de cachorro? É claro que não. Isso é o que o homem quer quando passa uma noite com uma mulher com quem não planeja um relacionamento de longo prazo.

Quando um homem acredita ser menos tarimbado sexualmente que você, ele logo pensa em "curto prazo", nunca em longo prazo. E a maioria deles se sente diminuída em sua masculinidade.

PRINCÍPIO DO DESEJO Nº 39

Se você quer investir num relacionamento duradouro, saiba que, quando se trata de exibir o corpo, menos é mais.

Por quê? Porque quando está emocionalmente ligado a uma mulher e deseja ficar com ela, o homem se torna um pouco inseguro em relação a quantos outros ela já teve.

Pense bem. Se você compra um carro que pretende manter, é natural que se preocupe com a quilometragem, certo? Mas se vai alugar um carro só por uma semana ou por pouco tempo, esse item deixa de ser importante. Se um homem nutre sentimentos por você, não precisa de muita coisa para deixar a imaginação correr solta. Por exemplo, algo simples como o estado da sua roupa de baixo dá a ele algumas pistas. Se você vai à casa dele e vê peças femininas no banheiro, pode achar que ele é apenas um "galinha". Com o homem é diferente. Se ele a vê usando uma calcinha preta sensual, cujo elástico está desgastado, ele enxerga evidências de atividade sexual recente. O mesmo se aplica àquele sutiã de renda preta transparente. Se estiver faltando um gancho ou se ele estiver torto (Deus me livre!), ele pensa que a peça foi violentamente arrancada do seu corpo uma ou duas vezes.

Por isso, jogue fora aquele conjunto sensual de espartilho com quinze presilhas, calcinha fio dental, meia arrastão e coleira com taxas. Ele terá a sensação de que você é uma "mulher rodada". Não é uma roupa macia e nem feminina.

O que a maioria dos homens afirmou é que a mulher mais excitante é a que usa uma de suas camisas, com calcinha sensual por baixo, o que lhes dá a sensação de exclusividade: "Ela é só minha." Se usar roupa de dormir, prefira algo sedoso, que pareça ser uma peça que você usaria mesmo se ele não estivesse por perto (tradução: feminina). Isso aumenta a chance de ele gostar do sexo e de você também.

Ainda que não tenham consciência disso, os homens querem se sentir como um fazendeiro arando terra nova. (E seu papel é manter essa sensação.)

PRINCÍPIO DO DESEJO Nº 40

Quando se trata de um homem de qualidade, que seja um marido potencial, não se esqueça de que ele sempre quer ter a sensação de que "ela é só minha".

Explorando o País das Maravilhas

É óbvio que o objetivo do homem, a princípio, é pular logo na cama. O seu é preservar a possibilidade de um relacionamento duradouro. E isso significa que não há necessidade de passar por todos os brinquedos da Disneylândia logo na primeira visita ao parque.

Nos primeiros encontros, enquanto você mantém o pé no freio, adiando o sexo, ele vai tentar avançar todos os sinais vermelhos. Como nenhum sujeito entrega seu manual de estratégias a uma mulher que esteja tentando seduzir, decidi descobrir quais são os truques que eles usam para esquentar o relacionamento. Você é capaz de adivinhar qual a primeira meta deles? Fácil: ultrapassar a porta da sua casa logo no primeiro encontro.

O MANUAL MASCULINO	O SEU MANUAL
No final da noite, ele pode perguntar: "Posso usar seu banheiro?"	Permita. Então, espere por ele toda vestida. Não tire nenhuma peça de roupa, nem mesmo seu casaco.
Ele pode beber algumas tequilas a mais e dizer: "Estou bêbado demais para dirigir. Posso dormir no sofá?"	Ele está esperando que você diga: "Não vou deixar você dormir no sofá, seu bobo! Pode dormir na minha cama, mas só se se comportar." Em vez disso, traga um café bem forte e chame um táxi para ele. Não deixe que ele passe da cozinha.
Ele pode oferecer uma massagem: "Você está muito estressada ultimamente. Que tal eu massagear as suas costas? Prometo que vou ficar só nisso."	Quando achar que você está excitada, ele dirá: "Posso abrir seu sutiã? Só quero que você fique mais confortável. Você pode baixar um pouco as calças? Quero massagear sua lombar. É aí que está mais tenso... Pobrezinha." Agradeça e dispense-o gentilmente.
Talvez ele pergunte ao deixá-la em casa: "Posso entrar um segundo para usar seu telefone? Tenho que checar meus recados e meu celular está sem bateria."	Deixe que ele use o telefone. Depois, certifique-se de que ele não perca o caminho da rua.
Ele pode usar a abordagem platônica: "Vá se trocar. Fique à vontade. Finja que eu nem estou aqui e faça o que você costuma fazer quando está sozinha."	Depois que você trocar de roupa, ele vai pensar: "Puxa! Ela não está usando sutiã nem calcinha." Então dirá: "Venha deitar-se no sofá. Pegue um cobertor. Vamos só ver TV." Não faça isso! Não faça!
E, para terminar, eis o truque do "só ficar abraçadinho". "Eu vou passar a noite aqui e só vamos ficar abraçadinhos, como amigos. Prometo não tirar a cueca. Palavra de honra." Depois, a história muda: "Essa cueca está muito apertada e me incomoda. Tenho que tirá-la. Odeio quando isso acontece... Você se importa?"	(**Fim de jogo**) Dez minutos depois: "Eu preciso enfiar só por um segundo. Quero saber como é a sensação de estar dentro de você. Não precisamos fazer amor. Só a cabecinha... prometo!" E quando você se der conta, estará sendo montada como se fosse um pônei. Por isso... proteja-se!

A boazinha quase sempre cede rápido demais, e depois tenta imediatamente minimizar os danos: "Nunca tinha feito uma coisa dessas. De verdade. Não costumo fazer isso com uma pessoa que mal conheço." Quando os homens ouvem essas desculpas, logo passam a acreditar no oposto.

Sempre que ouvir as palavras *Não se preocupe* ou *Confie em mim*, tenha cuidado... tenha muito cuidado! Foi isso que o Lobo Mau disse para a Chapeuzinho Vermelho. E você já está grandinha para acreditar em Papai Noel. Sempre que um cara disser "Não se preocupe, prometo que vou respeitá-la", o que ele realmente estará dizendo é "Não confie em mim". Se ele fosse mesmo respeitá-la, não precisaria anunciar aos quatro ventos.

PRINCÍPIO DO DESEJO Nº 41

A forma de distinguir um homem de qualidade de um que não seja digno do seu tempo é observar a atitude dele em relação ao sexo. Se gostar mesmo de você, ele ficará feliz só por estar em sua companhia.

Se um homem a abandona porque você se recusa a dormir com ele tão depressa quanto ele gostaria é sinal de que faria a mesma coisa depois de alcançar seu intento. Para o homem, o sexo é semelhante ao seu esporte favorito: o futebol. Ele tenta "mover a bola" pelo campo alguns metros de cada vez. Depois, sai driblando, passa por um, mata no peito e encontra uma oportunidade de marcar um gol de bicicleta. Se houver dificuldades, seu amor pelo jogo aumenta. Do mesmo modo, *ele deseja, secretamente, que você ofereça alguma resistência.* Porque se você simplesmente lhe der uma bola e um campo vazio... todo o estímulo se perde.

Paige não sabia disso quando tentou seduzir Ted. Eles saíram duas vezes, mas não tiveram maiores intimidades. No terceiro encontro, quando iam sair para jantar, ela disse: "Quero lhe mostrar algumas compras que fiz hoje." Então, pegou uma calcinha fio dental vermelha e um lubrificante com sabor. "Espero que você goste de morangos, porque vamos experimentar isso aqui hoje à noite." Paige achou que Ted fosse delirar de felicidade. "Vou deixá-lo louco. Ele nunca será capaz de resistir e vai querer se casar comigo." O efeito foi exatamente o contrário: *acelerou a velocidade com que ele se cansou dela.*

A primeira forma de descobrir se ele está realmente interessado em você é observar como vocês passam o tempo fora do quarto. Ele fica com você durante o dia? Ele se interessa em saber do que você gosta? Isso é muito revelador. Mesmo que o que você goste de fazer seja levar seu cachorro para passear, um homem que esteja de fato interessado em você vai adorar ter a chance de acompanhá-la. Coisas aparentemente bobas vão interessá-lo só porque envolvem a sua presença e ele acha que *você* é excitante.

PRINCÍPIO DO DESEJO Nº 42

Se você demonstrar cautela, o homem de qualidade interpretará isso como um sinal de autoestima.

Laurie é um exemplo perfeito disso. Ela mora um pouco distante de Sean. Depois de dois jantares, ele telefonou perguntando: "Posso dormir no sofá hoje à noite? Tenho uma reunião amanhã cedo perto da sua casa. Assim poderíamos jantar juntos e eu estaria a um quarteirão do meu compromisso." Laurie respondeu que aquilo infelizmente não seria possível, sem explicar os motivos. Ele entendeu. E o desejo por ela aumentou de imediato.

As sugestões que se seguem vão fazer com que ele a veja como alguém que pode ser levada a sério.

- **Não fale sobre lugares nos quais gostaria de fazer sexo nem sobre sua música favorita para transar.** Ele não quer se casar com a mulher que, já na primeira conversa, lhe fornece detalhes picantes de sua forma predileta de transar.

- **Planeje atividades.** Não estabeleça padrões de namoro repetitivos, como sentarem-se diante da TV com sanduíches, batatas fritas e refrigerante para assistirem a filmes. Diversifique as atividades.
- **Vista-se de maneira um pouco sensual, mas não muito reveladora.** Quando você mostra um pouco, mas não tudo, inspira respeito e causa admiração e desejo de ver mais.
- **Evite carícias muito quentes no sofá ou na cama até estar cem por cento certa de que quer ir mais longe.** É sempre seguro beijar na posição *vertical*, em frente à porta ou logo na entrada da sala.
- **Convide-o para entrar *antes* de saírem para jantar fora.** Deixe que ele a busque uma hora antes da reserva no restaurante. Ofereça uma taça de vinho e lhe mostre seus livros favoritos. Isso ajuda a quebrar o gelo e evita a entrada no fim da noite. Dessa maneira, você pode se despedir no carro, sem parecer distante nem fria.
- **Não fique falando de suas experiências negativas com ex-namorados.** Isso só a desvaloriza aos olhos dele. Deixe de fora da conversa o papo "coitadinha de mim". Além do mais, não é da conta dele. Se o homem com quem está indagar sobre o seu ex, apenas diga: "É uma história longa e sem graça." Tradução: "Ficou para trás."
- **Quando os beijos começarem a ficar mais quentes e você desejar parar, não diga "chega", nem "pare", nem "por favor", como uma menininha chorona.** *Faça-o parar usando sua linguagem corporal.* Se a mão dele estiver descendo por seu decote, segure-a e afaste-se gentilmente. "Vamos perder o teatro se não sairmos agora." Isso também demonstra que

você é uma mulher que se faz respeitar, e ele se vê forçado a respeitá-la.

É melhor evitar amassos muito acalorados no sofá também por um segundo motivo: se você o levar ao auge da excitação e apertar o botão de desligar no último instante, ele vai ficar ressentido. Além disso, vai soar falso se você disser: "Ainda não, quero que seja algo especial." Principalmente se tiverem passado uma hora trocando carícias e você lhe der essa notícia com a mão enfiada na cueca dele. Ele pode se sentir, com toda a razão, desrespeitado. Uma mulher poderosa não faz isso com um homem de qualidade.

PRINCÍPIO DO DESEJO Nº 43

O objetivo da espera não é apenas parecer uma mulher poderosa. Também é bom dar a si mesma algum tempo para descobrir fatos importantes sobre ele.

Como, por exemplo, se ele tem mulher e três filhos em outro estado. Ou quem são os amigos dele. É bom saber também se ele continua fazendo sexo com a ex-namorada que ainda não foi informada de sua condição de ex. Você precisa saber se ele tem 38 anos e ainda mora com a mãe. Precisa descobrir se ele já foi detido por dirigir embriagado ou se fez uso de drogas. E é bom ter informações sobre os dias dele na época da faculdade e se, por acaso, não costumava sair de patins pela orla, usando shortinho e blusa colante.

O tempo irá permitir que você o conheça mais, que descubra quem ele é. E não adote a filosofia de Sir Isaac Newton, que disse que "tudo o que sobe, desce". Não aplique essa regra ao sexo.

VOCÊ SE RESERVA O DIREITO DE NEGAR A PRESTAÇÃO DE SERVIÇOS A QUALQUER UM SE:

Ele for excessivamente agressivo.
Se estiver interessado em você, ele vai controlar as próprias mãos e não lhe fará propostas sexuais nos primeiros encontros, porque não quer que você ache que ele é um canalha. Se sexo é tudo o que ele deseja, isso demonstra que não se importa com quem você é. Se sua resistência inicial o afastar, melhor para você. Na verdade, prepare o caminho para ele e assegure-se de que não há nada que o impeça de ir embora.

Ele não for passar o resto da noite.
Não vá para a cama com um cara que avisa "Não posso ficar o resto da noite", ou "Você não pode passar a noite em minha casa". Ao dizer isso, ele deixa bem claro, antes do sexo, que pretende mantê-la a distância. Se estiverem se abraçando e beijando e ele disser "Não posso ficar a noite toda", responda: "E quem disse que você ia passar a noite toda aqui?" Levante-se e, gentilmente, acompanhe-o até a porta.

Houver "rainhas demais no castelo".
Não se envolva sexualmente com um homem se ficar bem claro que há um verdadeiro harém de "amigas" esperando para assumir seu lugar. Mesmo que ele jure que são "apenas amigas". Não menospreze sua intuição.

Você não se sentir confortável.
Seus instintos e sua intuição são extremamente preciosos. Nunca, jamais, permita que quem quer que seja a convença a fazer algo que vá contra o que você sente. Como Kim Basinger disse certa vez: "Sinto que há duas pessoas dentro de mim – eu

e a minha intuição. Se eu for contra a segunda, ela vai me sacanear o tempo todo. Mas se sigo o que ela diz, nós duas nos damos muito bem." Nada é mais importante que seu corpo e sua dignidade. Trate-os com respeito.

Apesar de saber muito bem que certos homens são especialistas na arte de "bater e correr", a mulher poderosa é capaz de se deixar seduzir pela imagem da garota boazinha que mora dentro dela. Essa garota a convence de que existe um potencial naquele relacionamento: "Comigo será diferente! Sou capaz de consertar esse cara. Posso mudá-lo."

Por exemplo: o homem está na cama com uma mulher, tomando todas as iniciativas. Então, ela para e diz: "Espere. Sinto que as coisas estão andando depressa demais. Eu mal o conheço." O homem se vira na cama e responde: "Ok, pode me perguntar o que quiser. Sou um livro aberto." (É como uma negociação comercial. Descubra qual é a objeção e então supere-a.) Em seguida, ele conta uma história triste sobre como seu primeiro amor o traiu e ele se sentiu *usado*. Depois, mostra a cicatriz que tem na perna ou discorre sobre como seus pais tinham uma preferência notória por seu irmão mais velho. Aí ele a toca no rosto com suavidade, como se fosse um anjo. "Não precisamos fazer sexo, se você ainda não estiver pronta", ele diz. (Enquanto pensa: "O que mais posso inventar para transar com essa garota?") O que a boazinha responde? "Estou, sim! Sou toda sua!" Depois disso, os vizinhos de baixo vão ver caliça caindo do teto até as duas da manhã.

Uma semana mais tarde, começa o "discurso de encerramento da campanha eleitoral". "Não sei por que ele não telefona. Ele disse que tínhamos uma ligação única, que era emocional, não estávamos só fazendo sexo... estávamos fazendo amor. Disse que eu era especial. Talvez estejamos apenas passando por uma fase difícil no relacionamento."

PRINCÍPIO DO DESEJO Nº 44

No começo, quem ele *diz* que é tem muito pouco a ver com a maneira como irá tratá-la. Se houver sexo envolvido, ele vai prometer coisas das quais você nem sequer ouviu falar.

Os sites de relacionamento são sabidamente enganadores por esse motivo. Quando um cara clica na opção que indica que tipo de pessoa ele procura, qual das duas você acha que ele irá marcar, se quiser apenas sexo?

- Sexo casual sem preservativo e sem telefonemas no dia seguinte.
- Compromisso, amor e clima romântico.

É claro que ele vai optar pela que diz "compromisso". Porque está realmente muito comprometido (em vê-la nua).

Os homens, afinal de contas, são caçadores. Estamos lidando com uma criatura de sangue quente, que se orgulha de suas habilidades de conquista. Se não fosse ilegal, eles mandariam empalhar a cabeça de suas ex-namoradas para pendurar na parede de seu local de trabalho. Um carneiro selvagem... um alce... Jennifer... Natalie... e uma piranha chamada Vanessa (porque as mulheres de uma só noite também contam).

Nenhum homem vai dizer: "Eu jamais me casaria com você. Mas estou doido para transar." Mesmo quando não está sinceramente interessado, ele acaba dizendo o que você quer ouvir. "Casamento? Filhos? Uma bela casa? Mal posso esperar." Seja qual for o ouvido em que essas palavras entrem, certifique-se de que o outro esteja aberto para que elas saiam o mais rápido possível.

As mulheres que participam de sites de relacionamento devem pensar bem na linguagem usada. Assegure-se de que você não pareça estar apaixonada por uma fantasia. Um homem não se sente "especial" quando uma mulher anuncia que está à procura de "pôr do sol, romance e queijos e vinhos na praia" com qualquer um. Ele quer uma mulher que seja receptiva a ele, não a todo mundo. Ele não quer imaginar que ela seja capaz de se entregar ao primeiro sujeito esquisito, com cara de suspeito de assassinato, que se interesse por seu perfil e responda ao anúncio prometendo-lhe a lua.

Assim sendo, no papel de "caça", que é o seu, sua escolha inteligente é não se deitar na cama ou no sofá enquanto não conhecer bem o sujeito. Espere até que se sinta confortável e segura. Dê algum tempo para que ele *demonstre* – e não apenas *diga* – quem de fato é, por meio de *atitudes*.

Jantares, flores, agir como um perfeito cavalheiro, esses são os indícios básicos de que ele a vê como a mulher dos seus sonhos.

O calor entre os lençóis

Mesmo quando vocês passam a dormir juntos com regularidade, continua sendo importante entender que os homens estão sempre avaliando o potencial do relacionamento no longo prazo. Eles não precisam de uma mulher com habilidades fantásticas.

PRINCÍPIO DO DESEJO Nº 45

O que a maioria dos homens procura é, em primeiro lugar e acima de tudo, uma mulher que seja natural na cama e que goste verdadeiramente de fazer sexo com ele.

Perguntei aos homens: "Quais são os sinais de que uma mulher não está gostando de fazer sexo?" A seguir estão algumas das respostas que recebi.

SINAIS DE QUE VOCÊ NÃO ESTÁ GOSTANDO DE FAZER SEXO

John disse: "Muitas mulheres gritam em um tom que faria um rinoceronte furioso parar o ataque no meio do caminho. Elas jogam os cabelos para os lados, fazem poses exóticas e parecem estar em um palco, atuando. Ou agem como se estivessem sendo filmadas, como se houvesse uma equipe de profissionais no quarto, manejando as câmeras. Luz... câmera... ação!"

Marcus disse: "Quando as mulheres ficam controlando o relógio ou contando o tempo. Antes do sexo, elas dizem: 'São oito e quarenta e cinco. Precisamos acabar em quinze minutos porque a novela começa às nove.'"

Kent disse: "A maioria dos homens prefere transar com uma mulher não tão atraente que esteja mesmo a fim de fazer sexo do que com uma supermodelo que não se mostre muito interessada. Pode acreditar!"

Frank disse: "Você desconfia de que a mulher não está curtindo quando ela começa a gritar e a ofegar exageradamente logo no início. Nesse caso, eu paro para ver que tipos de barulhos ela vai continuar fazendo. Se ficar gritando quando eu não estiver nem tocando nela, tenho a impressão de que posso ir comer um sanduíche e depois voltar para retomar de onde parei."

Os homens costumam achar que uma performance teatral não tem nenhuma relação com o desempenho deles. E, no instante em que acharem que você *não* está gostando do sexo, mas fingindo gostar, verão nessa atitude uma quebra de contrato no que se refere ao relacionamento.

Não existe um corpo de jurados dando nota: "Dou 9 pela exibição artística, mas 7,8 pela parte técnica." Se o homem a fizer se sentir como se estivesse sendo avaliada, isso significa que *ele* é que não é bom de cama – não você. Com um cara bom de cama, você não se preocupa com a celulite em suas coxas, porque o envolvimento que ele cria com você dá mais prazer e é mais importante que detalhes físicos.

Jamais aponte seus defeitos (reais ou imaginários) para um homem. Isso inclui o ambiente dentro e fora do quarto. Não diga a ele como você era antigamente. Nem quanto você pesava. Não chame atenção para um dente quebrado e nem diga que você precisa de um bom tratamento de beleza. Guarde todas as perguntas sobre plástica ou lipoaspiração para o consultório médico.

PRINCÍPIO DO DESEJO Nº 46

Os homens com quem conversei afirmaram que raramente prestam atenção nas imperfeições de uma mulher, até que ela mesma as aponte.

Eles gostam do corpo feminino e admiram o que você tem de bom. Portanto, se ele acaricia sua barriga e você diz: "Estou fazendo abdominais, e no verão minha barriga vai estar um tanquinho", ele acha que você está mais preocupada com o próprio corpo que com o dele.

De acordo com a opinião masculina, outro erro das mulheres é tentar agir de maneira puritana e virginal. Isso gera suspeitas, até porque seu parceiro sabe que você não é virgem. Além do mais, nunca diga nada sobre seus antigos namorados. Ele com certeza tem conhecimento da existência deles, e pode até mesmo imaginar terem sido muitos. A mulher poderosa se entrega ao homem com quem está – como se ele fosse único. Ela usufrui da relação ao máximo e procura não estabelecer comparações. A boazinha finge ser inexperiente ou fala sobre os antigos parceiros, buscando se valorizar.

Os homens deduzem que você está mentindo não por aquilo que você diz: eles a julgam pelo nível de sofisticação de sua técnica na primeira relação íntima. Se quiser que ele deseje uma relação mais profunda, não dê a impressão de que uma multidão frequentou sua cama nem tente parecer a grande campeã do sexo.

Pode estar certa de que ele perceberá qualquer detalhe que denuncie seu passado sexual recente. Vamos então fazer um passeio pela sua casa para ter certeza de que ele a veja como uma mulher de classe. Alguém que já teve suas experiências, mas faz questão de manter a sua dignidade.

PISTAS QUE DENUNCIAM

- Na primeira vez que forem fazer sexo, use um belo conjunto de calcinha e sutiã de renda. Nada de espartilhos prateados com calcinha fio dental verde-limão. Vai parecer ensaiado e premeditado *demais*.
- Nunca abra a gaveta na qual você guarda novidades exóticas, como um brinquedo turbinado que funciona com baterias. Qualquer exagero poderá arruinar o ambiente acolhedor e agradável. Afinal de contas, você não vai querer que ele se sinta como um pequeno avião Cessna parado ao lado de um Jumbo 747.
- Nas primeiras vezes, deixe que ele sugira as posições sexuais. Se você já começar propondo acrobacias, ele irá pensar: "Essa aí tem muito tempo de prática." E isso definitivamente poderá deixá-lo inibido.

- Não se apresse a jogar suas roupas para todos os lados e a pular em cima dele. Deixe que ele tire sua roupa... *devagar*. Isso vai impedir que você pareça uma cadela no cio.
- Deixe que ele forneça o preservativo. E evite truques sexuais mirabolantes que deem a impressão de que você fez um curso completo de "vadiologia". Isso fará com que ele a classifique como "garota curto prazo". Aja com sensualidade, mas com classe e certa discrição. Entregue-se, usufrua e manifeste o prazer que você sentir.
- Se ele não trouxer um preservativo, e você precisar fornecê-lo, não permita que ele saiba onde você guarda os seus. Se for uma caixa com doze, e seis estiverem faltando, isso equivale a seis transas com outra pessoa. Não é da conta dele, preserve sua privacidade. E se entregue àquele parceiro como se ele fosse o único.
- Se ele não quiser usar preservativo, nunca diga: "*Todos os meus namorados* usam." Mas, com gentileza, recuse-se a fazer sexo sem proteção. Você estará se valorizando. Se ainda assim ele insistir, levante-se – sempre sem agressividade –, vista-se e o acompanhe até a porta. Fim de caso.
- Os homens gostam de mulheres suaves. Adoram hidratantes ligeiramente perfumados e qualquer coisa que seja macia e feminina.
- Todos os homens são muito inseguros em relação ao tamanho de seu pênis. Se ele não for bem-dotado, por favor, não exclame: "É só isso!?" Não faça nenhuma menção ao fato. Se depois de algum tempo você concluir que o tamanho do pênis interfere decisivamente na relação sexual, talvez seja o caso de terminar o relacionamento. Mas lembre-se: "Tamanho não é documento." Muitas vezes o desempenho masculino pode compensar dimensões reduzidas e propiciar muito prazer.

- Não peça reafirmações constantes. Em vez de "Estou fazendo isso certo?", pergunte: "Você gosta disso?"
- Na primeira vez que ele passar a noite em sua casa, não demonstre estar muito preparada: não apareça com uma sacola que contenha tudo o que for necessário para a situação. Nada de cuecas extras, aparelho de barbear, chinelos masculinos e escova de dentes.
- Não sirva um café da manhã gigantesco na cama. Em vez disso, peça para ele ir até a padaria mais próxima comprar pão, enquanto você prepara o suco de laranja.
- Durante as conversas na cama, não sussurre ao ouvido dele: "Você me completa." Nem: "Eu sempre soube que ficaríamos juntos." Ele não deve sentir que foi seduzido por *você*, quer sentir que foi *ele* quem a conquistou e não o contrário.

Muitos homens também disseram que gostam que a mulher lhes dê informações sobre o desempenho que eles tiveram na cama. Isso não significa que queiram um relatório completo sobre o assunto. As reações da mulher durante o ato sexual já são um poderoso indicativo – desde que verdadeiras –, mas nada impede que, uma vez terminado, ou na manhã seguinte, ela se aconchegue a ele, suspire e murmure: "Como foi bom!"

Aviso aos homens:
Pulem o parágrafo seguinte.
Sua leitura pode causar pesadelos.

Bobby me falou sobre Charlene, que cometeu um erro imperdoável contra as partes privadas masculinas. Charlene estava deitada na cama, curtindo as delícias do pós-sexo. Bobby tinha se levantado e estava se vestindo. Quando ele se curvou para pegar as meias, Charlene achou que os "pingentes" dele eram umas gracinhas, e os cutucou por trás para ver se balançavam. Gesto fatal: Bobby viu estrelas. Previsão mediúnica: se você fizer isso, não vai ouvir os sinos da igreja tocando, porque ele vai desaparecer rapidamente – e nunca mais vai voltar. (Nem se lembrará de você com grande carinho e saudade.)

Quanto à conversa na cama depois do sexo, o silêncio vale ouro. Não faça perguntas como: "Foi especial? Você me ama? Foi bom? Quanto? Melhor que com aquela outra mulher? O melhor de sua vida?" O homem se sentirá um entre muitos se a primeira coisa que ouvir depois de uma boa transa for: "Foi muito melhor que com aquele outro cara. Ele só conseguia dar uma rapidinha." Como ele não quer imaginá-la com nenhum outro sujeito, não faça comparações – nem boas nem más. O que os olhos não veem... o coração não sente.

Além disso, não acredite quando, logo depois do sexo, ele jurar que a ama. Se ele começar a falar sobre "o futuro", o que ele realmente quer dizer é que gostou muito... e quer tentar uma posição diferente (no futuro).

Mantendo o desafio mental... Depois do sexo

As mulheres aprendem que devem esperar cinco encontros ou um mês antes de fazer sexo, se querem que o homem assuma um compromisso. Quando finalmente acontece, ela pensa: "Alcancei a linha do gol. Agora, somos um casal." Certo? Nada disso. O sexo é apenas o primeiro tempo.

Vamos voltar atrás. Vocês transaram e foi bom. Na manhã seguinte, ele se sente um campeão. "Ela entrou em órbita. As pernas dela ainda devem estar tremendo. Ela nunca mais vai conseguir *pensar* em sexo sem me ver de corpo inteiro na sua frente." Agora que vocês tiveram tamanha intimidade, ele acredita que tem todo o poder. (Isso está prestes a mudar.)

Nas minhas entrevistas com os homens, fiz a seguinte pergunta: "O que aconteceria se uma mulher não se comportasse de maneira diferente depois do sexo? E se ela fosse gentil, mas seguisse em frente com suas atividades diárias, como se nada tivesse acontecido?" Ah, como eu adoraria ter filmado a reação deles! Alguns empalideceram. Um cara disse: "Isso faria meu mundo desabar." A maioria admitiu que entraria em pânico. (É bom saber.)

Para entendermos com mais profundidade a dinâmica do que acontece na cabeça do homem e da mulher nos instantes imediatamente após o sexo, vamos fazer uma revisão passo a passo.

O PASSO A PASSO DO PÓS-SEXO

O que ele antevê logo após o sexo?

Ele já passou por isso com outras mulheres e sabe que, depois do sexo, você espera que ele adote comportamentos típicos de um namorado. Então, ele recua, para evitar que suas expectativas aumentem. Aja como se não esperasse absolutamente nada. Não seja nem mais nem menos afetuosa. Comporte-se como sempre. Seja a mesma mulher. Veja por que isso lhe trará benefícios.

Por que ele vai recuar?

O homem deseja sempre adiar qualquer tipo de compromisso. Ele muda o padrão de saídas para evitar regularidade e consistência. Por quê? Porque, para ele, regularidade + continuidade = compromisso. É por isso que ele se retrai, dita as regras, quebra as regras, muda as regras e, em seguida, muda tudo outra vez. Ele começa a ligar aleatoriamente. Tenta encontrá-la sem avisar com antecedência. E tenta mantê-la insegura em relação ao que ele pensa.

Que reação ele espera de você?
Ele espera que você esteja disponível o tempo todo. Quando você o pressiona ou se mostra afetuosa demais – pegajosa, até –, exigindo dele tempo e garantias logo após a primeira relação sexual, ele pensa que é melhor se retrair e mantê-la a distância. E começa a procurá-la com menos frequência.

O que você deve fazer?
Faça o oposto. Siga em frente com sua rotina. Não telefone o tempo todo. Se ele ligar e você estiver ocupada, diga que retornará a ligação. Cuide de sua vida. Não esteja à disposição no último minuto nem pareça estar pronta para sair a qualquer momento em que ele desejar vê-la.

Que mensagem isso passa?
Que não é você quem mais se esforça para manter a relação. Isso torna o relacionamento valioso, pois ele percebe que você não está disposta a mergulhar de cabeça e a abrir mão da própria vida por uma noite de paixão, apenas. Agora, ele a vê como uma mulher poderosa – não como uma mulher insegura e cheia de exigências.

Por que isso leva ao compromisso?
Porque ele vai pensar: "Se ela parece tranquila desse jeito, acho que as coisas não estão progredindo tão depressa quanto pensei." E então ele continua tentando conquistá-la.

Por que esse é o golpe de misericórdia?
Esse é um golpe suave no ego dele. Agora, você conseguiu toda a atenção desse homem. Ele pensa: "Isso é estranho, pensei que eu fosse o maior garanhão na cama, e meu telefone deveria estar tocando até explodir. O que está acontecendo? Por que ela não está me perseguindo como as outras?"

Se um sujeito não telefona depois de ter tido uma noite enlouquecida de sexo com você é porque está esperando alguma cobrança. Tem medo que você se mostre muito carente. Deparar com o comportamento oposto vai deixá-lo atordoado e fazê-lo mudar de rumo bem depressa. Ele percebe que você é mais forte que as outras mulheres com quem ele está acostumado a se relacionar: "Ela tem seus próprios padrões, não é burra nem ingênua, não se deixa levar por ninguém."

PRINCÍPIO DO DESEJO Nº 47

Uma mulher que se comporta com mais tranquilidade depois do sexo é o exato oposto do que ele está acostumado a encontrar.

O homem também ficará intrigado se você não disser coisas que ele está mais que acostumado a ouvir:

- Nós estamos namorando?
- Continua tudo certo entre nós?
- Qual é o problema?
- Você parece distante.
- Você não me acha mais atraente?
- Está com raiva de mim?
- Está tudo bem?

O que você quer é que *ele lhe faça essas perguntas.* Quando você não se mostra carente, ele não consegue parar de pensar nas razões que a levam a não se fixar nele. "Espere aí. Por que ela não está esperneando nem me perguntando por onde andei? Talvez ela esteja recuando. Talvez seja preciso fazer mais para impressionar essa mulher. Ela me desafia e me intriga."

Ele passa a olhá-la de forma diferente quando, depois do sexo, você não fica totalmente deslumbrada, mas continua a tocar a própria vida. O homem começa, então, a desejar uma relação firme.

É parecido com o processo de educar uma criança. Os psicólogos dizem que devemos nos concentrar nos cuidados com o bebê durante o primeiro ano. Depois, precisamos começar a estimular sua autonomia, aos poucos. As mesmas recomendações se aplicam aos homens. Depois do sexo, a mulher poderosa não o deixa sentir que ele é o "dono do pedaço". Se o homem achar que tem o jogo nas mãos, é provável que não queira assumir um compromisso.

Muitas mulheres acreditam que o que as reduz à condição de simples parceiras sexuais é o fato de irem cedo demais para a cama com um homem. Mas, na verdade, isso está muito mais relacionado com seu *grau de disponibilidade depois do sexo*. As boazinhas esperam que, após a relação sexual, o parceiro envie cartões com declarações de amor, telefone pela manhã e à tarde e saia com elas todas as noites. Elas vivem em função desse homem: vão ao cabeleireiro e compram roupas pensando nele e estão sempre totalmente disponíveis, de forma que abrem mão da própria vida. Ele lhes diz: "Amor, estou com saudades. Posso ir aí?" (Tradução: "Estou com tesão.") Elas pensam: "Agora que ele é meu namorado, pode vir quando quiser." Eis o problema: se agir assim, você estará se descuidando de si mesma. E ele provavelmente acabará por menosprezá-la. Entendeu? Não se trata de pura estratégia, mas de ter vida própria. É o que faz a mulher poderosa: desenvolve os próprios interesses.

PRINCÍPIO DO DESEJO Nº 49

Depois do sexo, comporte-se como se o relacionamento estivesse apenas começando.

Os homens respeitam as pessoas e as coisas pelas quais tenham que lutar. É como um adolescente com um carro novo: se ele o tiver comprado se for resultado de seu esforço e trabalho, irá valorizá-lo muito mais do que o faria se o tivesse ganhado de bandeja. E irá tratá-lo com muito mais cuidado, também.

Michael contou uma história simples sobre como sua noiva, Kate, ganhou seu respeito. No primeiro fim de semana em que foram para a cama, Kate recebeu a ligação de uma tia da América do Sul, no domingo de manhã. Ela pediu desculpas a Michael e disse que talvez tivesse de se demorar um pouco na ligação. Cinco minutos depois, ele começou a pigarrear para que ela percebesse que ele queria que ela desligasse o telefone. Kate cobriu o bocal com a mão e disse em voz baixa: "Você tem algum compromisso? Por favor, não se preocupe comigo caso precise sair."

Por certo essa não seria a reação de uma boazinha. Ela daria uma desculpa à tia, encerraria a ligação e se colocaria totalmente à disposição do namorado. Kate mostrou a Michael que ele era livre para ir embora – diferentemente da maioria das mulheres, que morrem de medo de perder o cara. O que isso tornou claro foi: "Não vou deixar de ser quem sempre fui por causa de uma noite de paixão. Essa ligação é importante para mim, e não vou abrir mão dela." Depois ela talvez explicasse ao parceiro as razões de não poder desligar.

PRINCÍPIO DO DESEJO Nº 50

Os homens se sentem intrigados com tudo aquilo sobre o que não têm controle.

Quando você demonstra que faz tudo para contentá-lo porque está preocupada ou ansiosa, ele sabe que está no controle da situação. Portanto, vá com calma. Depois do sexo, fique um pouco ao lado dele, usufruindo a sensação de prazer, mas logo siga com sua vida. Prepare um sanduíche para você (e ofereça outro a ele), assista a um filme na televisão, leia os jornais do dia e comente com ele os acontecimentos ou um artigo mais interessante.

Não permita que ele apareça sem avisar. Deixe que ele se esforce. Se for buscá-lo no aeroporto à meia-noite, leve-o para casa e vá embora. Seja qual for o motivo, não aja como se fosse uma loja de conveniência 24 horas. Não seja subserviente. Faça com que ele a trate respeitosamente.

Não parta do pressuposto de que "homens são assim mesmo: não planejam nada com antecedência nem são prestativos". Pense bem: ele perde a final do campeonato? De jeito nenhum. O que é importante para ele tem prioridade. No dia do grande jogo, ele certamente irá verificar as pilhas do controle remoto e colocará a cerveja na geladeira... uma hora antes do apito inicial.

Quando você não corre atrás dele, ele a procura. Dana e Adam são personagens de uma história que é o mais perfeito exemplo de como um homem vai atrás de uma mulher. Eles tinham acabado de fazer sexo quando Adam disse a Dana que iria viajar com uns amigos. "Vou passar um tempo fora." Em seguida, ele a olhou, esperando a reação. "Você se incomoda com isso?" A tranquilidade com que ela reagiu o deixou desconcertado. Apesar de Adam prometer que deixaria o celular ligado durante todo o fim de semana, ela não telefonou.

No sábado à noite, Dana saiu com as amigas. Quando voltou para casa, a secretária eletrônica acusava nove ligações não atendidas e quatro mensagens de voz. (Observação: não importa quanto ele esteja ocupado. Se quiser mesmo falar com você, encontrará um tempo para ligar.) Na manhã seguinte, quando Dana voltou da igreja, encontrou Adam sentado na entrada de seu prédio.

PRINCÍPIO DO DESEJO Nº 51

Você estimula a imaginação de um homem ao manter um pouco de privacidade, fazendo com que ele precise presumir por onde você anda.

Jacqueline Kennedy Onassis afirmou: "Existem dois tipos de mulher: as que desejam ter poder no mundo e as que desejam ter poder na cama." Mas existe ainda um terceiro tipo: a poderosa. Ela consegue as duas coisas.

A EMOÇÃO DA VITÓRIA

Imagine um sujeito passando perto do bebedouro, no escritório. Ele ouve duas secretárias conversando. Uma delas diz: "Não quero dar para ele." Imediatamente, o homem aguça os ouvidos e grava a frase em seu banco de memórias. Certas atitudes femininas em relação ao sexo desconcertam os homens. Quando o cara é bom de cama, acredita que lhe dá tanto prazer quanto você dá a ele. E acha impossível resistir a algo assim.

Dito isso, continua a haver, porém, momentos em que você não deseja fazer sexo. Afinal, as mulheres não são fisicamente tão fortes quanto os homens. Às vezes não conseguimos levantar caixas pesadas ou abrir um vidro de palmito. E de vez em quando também não temos a força física necessária para sermos as amantes desejadas depois de um longo dia correndo atrás das crianças ou dando duro no escritório. Explique isso a seu homem, dizendo quanto gosta de transar com ele, mas mostrando sua fragilidade momentânea. Dessa maneira, é até possível que ele lhe faça uma massagem nos pés ou nos ombros sem se sentir rejeitado. Mas quando um homem se sente continuamente posto de lado, acaba se desconectando da relação.

PRINCÍPIO DO DESEJO Nº 52

Para o homem, um relacionamento com longos períodos sem sexo representa um relacionamento sem amor, sem afeição e sem conexão emocional.

Como a maioria das mulheres não possui o mesmo ímpeto sexual dos homens, a frequência do sexo acaba se transformando em problema. A maneira de evitar isso é mantê-lo sexualmente surpreendido, de forma que ele se sinta física e mentalmente estimulado. Não deixe que a vida sexual vire rotina. Quando um homem já sabe que fará sexo duas vezes por semana, em um horário preestabelecido e em determinada posição, ele se ressente. Mas quando você o surpreende, ele sempre procura reviver as imagens dos momentos quentes que acabaram de vivenciar. Descubra formas de surpreendê-lo.

PRINCÍPIO DO DESEJO Nº 53

Preserve sempre o mistério. Faça com que o sexo seja esporádico e imprevisível. Isso faz com que o homem o vivencie com mais intensidade.

Assim, em vez do "previsível feijão com arroz das sextas-feiras", mostre a ele que é sempre possível se ver diante de um cardápio variado. Se vocês começam a fazer sexo durante o jantar – quando você passa o pé nas pernas dele – e terminam no corredor, antes de acabarem na cama, e se você o surpreende com aquele lubrificante especial, ou com outros recursos excitantes, as lembranças ficarão marcadas na mente dele. Os homens não se esquecem dessas experiências, ainda que vocês continuem a fazer sexo apenas duas vezes por semana.

Jamais subestime o poder do que você diz a um homem antes ou depois do sexo. Quando você demonstra que realmente gosta de fazer sexo com ele e o faz se sentir um parceiro superespecial, ele valoriza muito mais a relação e fica extremamente ligado a você. Por isso, elogie os detalhes do corpo de seu parceiro, peça que ele lhe faça as carícias que lhe dão mais prazer, comente como os gemidos dele a excitam... Tudo isso fortalecerá a relação.

Afinal, o caminho para o coração de um homem não passa por seu estômago... mas por suas cuecas.

4

A ARTE DE APERTAR OS BOTÕES EMOCIONAIS FEMININOS: UMA CONSAGRADA TRADIÇÃO MASCULINA

POR QUE OS HOMENS IRRITAM DELIBERADAMENTE AS MULHERES, TENTANDO AVALIAR A PRÓPRIA SITUAÇÃO

Ora, meus amigos, vocês sabem! Um reator nuclear é muito parecido com uma mulher. Você só precisa ler o manual e apertar o botão certo.

– HOMER SIMPSON, em *Os Simpsons*

RECUPERANDO O CONTROLE DE SUAS EMOÇÕES

Se você fosse uma mosquinha e pudesse escutar a conversa de um grupo de homens, não seria incomum ouvi-los afirmar que as mulheres não têm o mínimo controle emocional.

É por isso que eles adoram aquela fala de Jack Nicholson no filme *Melhor é impossível*. Quando perguntam ao personagem de Nicholson como ele conhece tão bem o temperamento das mulheres, ele responde: "Eu imagino um homem. Depois, retiro dele toda a racionalidade e a responsabilidade pelo que faz." É assim que muitos homens enxergam as mulheres.

É um segredinho sórdido que eles compartilham, mas não querem que você descubra: o homem a irritará e a provocará deliberadamente, para, em seguida, observar sua reação. Ele irá testar seu lado "boa moça" só para ver com quem está lidando. Quer conhecer seu caráter. Quer saber quanto você é ágil e esperta e verificar se é capaz de identificar quando ele se comporta mal.

Nenhum homem que teve um dia difícil irá lhe dizer: "Querida, hoje estou precisando de cuidado e carinho." Em vez disso, ele tentará conseguir o que deseja por meio de provocações. Dependendo da forma como você reagir, ele irá avaliar a própria situação. Quando você fica transtornada, ele sabe que conseguiu atingi-la e que tem o controle.

PRINCÍPIO DO DESEJO Nº 54

Quando uma mulher reage emocionalmente, o homem alcança três objetivos: atenção, controle e sensação de importância.

A maioria das mulheres não vê sentido em irritar propositadamente uma pessoa, ao passo que os homens enxergam nisso uma preciosa ferramenta. E me refiro a esse processo como "O grande teste".

O GRANDE TESTE: Um ritual de namoro estratégico e premeditado, que consiste em apertar seus botões emocionais. O teste, em geral, tem início com um afastamento dele de alguma maneira, só para ver o que irá acontecer. Ele pode se "esquecer" de telefonar, por exemplo. Pode olhar para outra mulher. Em cada uma dessas situações, o homem irá avaliar sua reação. Ele espera algum reflexo involuntário, causado pela falta de controle emocional.

Afinal de contas, os relacionamentos nem sempre vêm em belos embrulhos para presente. Algumas vezes, o homem aperta seus botões só para ver como será sua reação. Quando ele percebe emoções exaltadas que considera desproporcionais à provocação, você logo é colocada na categoria das mulheres que não devem ser levadas muito a sério. Se a mulher bate o pé e chora copiosamente, *ele sabe que tem um enorme poder sobre ela.*

PRINCÍPIO DO DESEJO Nº 55

Quando você é facilmente manipulada, o homem conclui que não precisa assumir nenhum compromisso para mantê-la ao lado dele.

Se, por outro lado, você não perde a cabeça e reage com racionalidade, ele vê nisso um sinal de força. A confiança e o respeito por você se aprofundam e ele vai querer levar o relacionamento ao próximo nível. O homem de imediato muda a marcha, pois percebe que está lidando com *uma igual.*

Por exemplo: imagine um sujeito que chega depois de um dia cansativo de trabalho. Ele não dirá: "Meu amor, preciso de atenção." Nada disso. É capaz de ele iniciar alguma discussão, isso, sim. E ficará satisfeito quando, depois da briga, vocês se beijarem e fizerem as pazes. Isso o estimulará a usá-la como um saco de pancadas emocional. Cabe então a você, mulher poderosa, tomar outra atitude quando ele começar a discutir. Diga: "Estou vendo que você teve um dia difícil. Mas acho que discutir comigo não ajudará em nada. Vou colocar uma cerveja no congelador e dar uma saída. Tome um banho e relaxe. Daqui a uma hora estarei de volta, e poderemos conversar." Em seguida, vá embora e fique fora de casa por pelo menos duas horas. Assim você conquistará o respeito dele. Por quê? Porque ele vai pensar: "Que mulher inteligente! Ela percebeu que eu estava uma pilha de nervos e leu meus pensamentos como se eu fosse um livro aberto. Além disso, criou condições para que pudéssemos conversar com calma. Acho que se eu me comportar como um imbecil, vou acabar perdendo o meu lugar."

PRINCÍPIO DO DESEJO Nº 56

Uma reação emocional é sempre uma recompensa, ainda que seja uma resposta negativa.

Portanto, a melhor maneira de estabelecer limites quando um homem a estiver testando é controlar o fluxo e o refluxo de sua atenção.

O homem não acha que está agindo como um idiota, porque tem um objetivo em mente. Portanto, ele tenta sondá-la para saber:

- Que características importantes ela tem que eu desconheço?
- Como será que ela reage quando está mal ou quando se sente injustiçada?

É como combinar o jogo de pega-pega com a canção "Atirei o pau no gato". (Dica: você é o gato.) Ele observa para ver se você se controla ou se perde as estribeiras, tal qual uma criança de 5 anos fazendo birra em uma loja de brinquedos.

Lembre-se: a linha que separa o teste do desrespeito é muito tênue. Portanto, façamos uma comparação:

TESTE	DESRESPEITO
Em geral, logo depois do sexo, ele se retrai para ver como você se comporta.	O desrespeito é repetitivo e contínuo. A desatenção dele é mais óbvia, mais maldosa e geralmente é sinal de que o relacionamento sofreu um desgaste com o passar do tempo.

Ele liga e cancela um encontro só para ver como você reage e se é flexível.	Ele não telefona. Ele a deixa à espera por um ou dois dias, e depois liga dando uma desculpa esfarrapada.
Ele olha para outra mulher para ver como você reage, esperando que você segure e aperte o braço dele.	Durante uma festa, ele conversa com outra mulher a noite inteira, sem se preocupar com seus sentimentos.
Ele a provoca, faz piadas ou zomba de você, sempre de brincadeira.	Ele a magoa, desvaloriza ou insulta deliberadamente.
Ele chega atrasado.	Ele some durante uma semana inteira e depois liga quando você já nem estava esperando, como se nada tivesse acontecido. Em geral, o telefonema acontece tarde da noite.

De certa maneira, não existe algo como "um pouquinho" de desrespeito. Quando o homem percebe que você aceita uma pequena dose, ele se sente no direito de avançar. A maneira mais fácil de se desvalorizar é permitir que alguém a humilhe, pois, quando se der conta, vai se odiar por ter permitido que fizessem isso com você. Portanto, é preciso identificar o que está acontecendo antes de aprender a reagir.

A primeira pergunta é a seguinte: Você deve se afirmar verbalmente ou não verbalmente? Para evitar ser um joguete nas mãos dele, você precisa ser poderosa nas atitudes, não nas palavras.

PRINCÍPIO DO DESEJO Nº 57

Os homens ouvem o que veem.

No filme *Menina de ouro*, Morgan Freeman diz: "Algumas vezes, a melhor maneira de acertar um golpe em uma luta é *dar um passo atrás.*"

As seções que se seguem vão ensiná-la a fazer isso de forma gentil.

Botão feminino número 1: Ele pode fazê-la sentir ciúmes de outra mulher

Existe um provérbio inglês que diz: "Uma mulher sem ciúme é como uma bola que não quica." Isso talvez ajude a explicar por que os homens usam o ciúme para testar as mulheres. "Até que altura ela vai quicar? Posso agredi-la e me safar se depois eu lhe comprar uma dúzia de rosas?" Se for assim, será muito divertido – bem, só para um dos envolvidos. Como os homens sabem que a competitividade é o ponto fraco da maioria das mulheres, isso faz do ciúme o mais valioso botão a ser apertado.

Uma das primeiras atitudes masculinas é tentar convencê-la de que todas as ex-namoradas continuam apaixonadas por ele. A versão que ele conta? "Eu tirei meu time de campo, mas ela nunca me esqueceu." Em outras palavras: ele quer que você pense que, como todas as mulheres entre 18 e 80 anos o desejam, ele é um bom partido.

É por isso que ele a leva a um restaurante e é supergentil com a garçonete. Ou olha para outra mulher quando vocês estão na fila do cinema. E também dá um abraço demorado em uma amiga, bem na sua frente.

Carmen estava saindo com Sam havia vários meses. Para avaliar a situação, ele decidiu apertar o botão do ciúme, falando sobre uma nova colega de trabalho. "Aquela moça lá do meu departamento vai sempre à minha sala e me escreve bilhetes." (Se ele está anunciando o fato, é uma garantia de que não há nada com que se preocupar.) Carmen disse: "Eu entendo você. E sei como pode ser chato. Também tem um cara na academia que não para de me perturbar. Vive me convidando para almoçar."

PRINCÍPIO DO DESEJO Nº 58

Quando um homem tenta lhe provocar ciúmes, isso raramente tem relação com o desejo dele por outra mulher.

Quando você se mostra chateada, ele tem certeza de que conseguiu atingi-la.

Pense nisto: se ele a estivesse traindo, acha que iria lhe contar? Se um sujeito faz algo *tão* óbvio – como deixar o cartão de visita de uma mulher em um lugar que ele *sabe que você verá* –, há uma enorme possibilidade de que ele o esteja fazendo para chamar atenção e despertar ciúme. Se um homem olha para outra mulher quando a namorada está a alguns centímetros, ela não pode pensar que ele acha a outra melhor, nem se sentir diminuída. O problema é dele. Em geral, o homem age dessa forma para implicar com a mulher.

Assim sendo, aplique a máxima de Hollywood: "*Sem público... nada de espetáculo.*" Se você não demonstra nenhuma reação, aquilo perde a graça e ele desiste. Um exemplo clássico é Gary, que levou Lindsay a uma festa de Natal da empresa, deixou-a sozinha e foi bater papo com algumas colegas de trabalho muito atraentes. Ele desapareceu durante quarenta minutos. Muitas mulheres teriam ficado emburradas a noite inteira. Mas Lindsay foi conversar com os bonitões solteiros do salão. Quando derramou a bebida na roupa, foi logo cercada por homens que tentavam ajudá-la. Quando se virou, Gary viu a situação, que descreveu como "lobos cercando a minha ovelhinha". Sua conversa paralela acabou, e ele voltou correndo para a convidada de honra. Você acha que ele deixou Lindsay sozinha em outras festas? É óbvio que nem pensou nisso.

Outra variação do botão do ciúme é o cara que diz: "Sabe de uma coisa? O que me faz sentir mais falta da minha ex é que ela era uma ótima cozinheira." Permita-me traduzir: ele está com fome, e quer que você vá até a cozinha e lhe prepare um belo banquete, só para competir com uma ex que nem existiu. Ele também pode afirmar: "A minha ex deixava a casa um brinco!" *Todas as ex terão sido sempre maravilhosas naquilo que ele quer que você faça.* É por isso que alguns homens não param de elogiar a comida da mãe para as esposas – porque querem ser muito bem servidos.

Uma de minhas amigas divorciadas tem um filho de 12 anos que regularmente visita o pai. Quando volta para casa, o garoto sempre elogia a comida da madrasta: "A Candace faz o melhor peixe que eu já comi." Como você pode ver, o hábito começa cedo. (Ele está em pleno treinamento para ser o futuro marido de alguma menininha inocente.)

Dizem que os homens figurativamente se casam com a própria mãe. Mas eles não querem uma mulher de avental e touca fritando bolinhos na cozinha. O que eles desejam tem mais a ver com uma mulher competente, que pense por si mesma e resolva a própria vida, alguém que o proteja e o ajude a tomar as melhores decisões, impedindo-o de fazer besteiras – exatamente como a mãe fazia na infância dele.

Quando tenta fazê-la sentir ciúme, o homem quer ver quem está na direção. Quando esse plano não dá certo, ele puxa o freio de mão e se reposiciona. Então, começa a obedecer às regras de trânsito e, daí em diante, dirige com bom senso.

Sophie e Tyler estavam em um relacionamento sério. Tyler lhe falou sobre uma amiga que "estava atrás dele". (Repito: se ele anunciou, é óbvio que ela não tinha com que se preocupar.) Sophie percebeu o que estava acontecendo e reagiu com calma: "Não quero interferir, e não gostaria que você tomasse a decisão errada. Se quiser sair com outras pessoas, tudo bem. Se você estiver a fim dela, me avise." Ela desligou o telefone e, no dia seguinte, Tyler lhe enviou rosas. Quando ela telefonou para agradecer, ele a convidou para uma viagem no fim de semana. O nome da mulher misteriosa jamais voltou a ser citado.

Adivinhe o que acontece quando você não reage como ele espera? O botão é definitivamente desligado, porque apertá-lo perde a graça. Se ele continuar a fazer referências inocentes a uma ex-namorada em particular, tudo o que você precisa fazer é inverter o jogo. "O Luke me fazia rir o tempo todo. Toda a minha família adorava o Luke." Ou, se a relação já for séria, peça-lhe simplesmente que evite o assunto, em benefício dos dois.

PRINCÍPIO DO DESEJO Nº 59

Quando você começa a agir como ele, o mau comportamento desaparece de repente, como em um passe de mágica.

Se você imitar o comportamento dele, isso quer dizer que se trata de um jogo? De jeito nenhum. Para começo de conversa, foi *ele* que inventou a brincadeira: *ele* a arrastou para essa situação, embora você tenha lutado para não entrar nela.

BOTÃO FEMININO NÚMERO 2: ELE SEMPRE ARRANJA UM JEITO DE RECUAR

Os homens estão acostumados a ter o controle. Quando um sujeito se torna um tanto arisco, ele está testando seu nível de persistência. As mulheres gostam de se fazer de difíceis, e os homens, também. Se ele suspeitar de que você está disposta a segui-lo como se fosse um cachorrinho, o próximo passo poderá ser um teste para ver se você vai "se esforçar para conquistá-lo", como um cão que precisa pular para ganhar um biscoito.

Dito isso, é importante lembrar que ele *deve* se sentir desejado, valorizado, apreciado e adorado. Mas não quando se comportar mal. Senão, você vai criar um monstro.

Um exemplo perfeito disso é Thomas, que estava acostumado a provocar uma reação em Faith ao ficar na rua até tarde, bebendo com os amigos. Faith lhe pediu inúmeras vezes que ligasse para avisar quando fosse voltar tarde. Mas ele não ligava. Essa situação se prolongou durante um ano. Em uma sexta-feira à noite, ele entrou em casa na ponta dos pés às quatro da manhã, foi até a geladeira e derramou duas cervejas na pia, para dar a impressão de que chegara mais cedo. Após montar a cena do crime com as garrafas vazias, Thomas desabou no sofá. No sábado de manhã, quando acordou, Faith não estava em casa. Uma amiga comissária de bordo a tinha convidado para passar o sábado e o domingo no Havaí. Thomas não sabia de nada, então entrou em pânico e passou o fim de semana inteiro ligando para as amigas e a família de Faith, tentando localizá-la.

(Um dia e meio se passou.) No domingo à noite Faith chegou, feliz da vida, bronzeada, e com um lindo colar havaiano no pescoço. "Aloha!" De repente, houve uma troca de papéis: "Por que você não telefonou? Eu quase morri de preocupação! Por favor, me respeite!" Depois de ouvir com atenção, Faith respondeu: "Não estou entendendo por que você está tão chateado. Se somar todas as horas que passou na rua bebendo até tarde no ano passado, não terá nem uma fração do tempo em que eu estive fora." Em seguida, subiu a escada saltitante e foi desfazer as malas. Thomas nunca mais se esqueceu de telefonar. Passou a sair muito menos e a chegar em um horário decente, e até deu de presente a ela um lindo celular para poderem se falar quando estivessem na rua.

PRINCÍPIO DO DESEJO Nº 60

Quando o homem não telefona, uma série de possibilidades percorre a mente feminina. Da mesma forma, a imaginação dele vai correr à solta quando não tiver notícias suas.

Se você não pode pagar uma viagem ao Havaí e não conhece nenhuma comissária de bordo, há uma alternativa muito mais barata para lidar com o problema do parceiro que gosta de farrear até tarde. Existe uma nova invenção, vendida nas boas casas do ramo, que se chama trava de segurança.

Quando um homem começa a chegar tarde sem avisar, ele tem o controle da situação. Pode até ser que não tenha cometido nenhum excesso, mas essa atitude é seu instrumento de poder, e ele fica orgulhoso. Por quê? Porque sabe que alguém estará à espera, preocupada e aflita, e isso faz com que ele se sinta cuidado. É o mesmo sentimento que você tem quando ele lhe manda rosas e compra entradas para o teatro.

Até os adolescentes agem assim com a mãe. Stevie, de 13 anos, disse: "Quando sei que minha mãe vai berrar comigo, acho melhor ficar fora até mais tarde. Se eu telefonar enquanto estiver fora, sei que ela vai gritar de qualquer jeito. Então, por que estragar a noite? Pelo menos só ouço a bronca uma vez."

Por outro lado, se o homem voltar para casa e a mulher não estiver lá para a entrada triunfal, acaba a graça: "Onde ela está? Não recebi minha dose de adrenalina. Epa! Ela nem quer saber onde estou ou onde estive. Por que *não* está chateada?" Já ouvi homens afirmarem, sem subterfúgios: "Fico fora até tarde porque isso faz com que minha namorada me valorize." (A reação feminina lhes dá a certeza de que são importantes.)

Tão comum quanto o roteiro do "beber até tarde" é o do "trabalhar até tarde". Brett estava namorando Andrea havia pouco tempo. Ele telefonou na hora do almoço dizendo que estava pensando em cancelar o encontro porque teria um dia terrível no escritório. Ficou bem claro que ele estava querendo "tirá-la de cena". Quando Brett telefonou de novo às cinco horas, tinha mudado de ideia e queria que eles saíssem, mas Andrea já tinha outros planos. Ela, então, usou as palavras mágicas: "Não queria que você se sentisse pressionado, por isso combinei de ir a um churrasco."

Lembre-se da frase mágica: *Não quero que você se sinta pressionado.* Funciona como um passe de mágica com homens que se sentem pressionados o tempo todo pelas obrigações e pelo comprometimento com o trabalho. A última coisa que desejam quando estão sobrecarregados é uma namorada que lhes traga mais pressão. A poderosa nunca faz isso.

Se ele teve um motivo legítimo para não telefonar, seja compreensiva. Procure não agir emocionalmente e mostre autocontrole. Se um sujeito se atrasa algumas poucas vezes, diga, com serenidade: "Observei que você sempre se atrasa. Vamos combinar o seguinte: se marcarmos um encontro e você não aparecer até às oito e meia, vou fazer minha aula de pilates, que começa nesse horário. Se puder, me avise com antecedência para não nos desencontrarmos." Isso se chama "inverdade verdadeira". Em vez de dizer "me ligue", ao pedir que ele "avise com antecedência", ela está mostrando que tem outros planos, caso ele a deixe esperando. A maneira tranquila de dizer isso elimina a ideia de "reclamação". Tradução? Autocontrole.

Quanto mais calma e racional você se mostra, mais mexido ele fica.

Deixe a antena do seu radar sempre ligada. Se ele disser: "Perdi a noção da hora com meus amigos", ou "esqueci completamente", isso sinaliza ao seu radar que ele está agindo assim para chamar sua atenção. Se você mostrar que se importa, ele irá repetir a dose. Portanto, aja com naturalidade. A única situação em que você *deve* ser firme é quando tiver feito planos alternativos que ele atrapalhou por não avisar. Nesse caso, mande bala. Como? Dizendo clara e sucintamente o que deseja. Se você falar demais, se mostra insegura. Em vez disso, fale... conserte o problema... e mude de assunto.

1 – Fale. "Na próxima vez, não me deixe esperando. Meu tempo é precioso, e eu tinha outros planos."	Nas entrelinhas: Observe que você disse que o *seu* tempo é precioso. Você não está indicando que o seu tempo *com ele* é precioso.
2 – Conserte. "Gostaria que você me tratasse com o mesmo respeito com que trataria um de seus clientes no trabalho."	Nas entrelinhas: Você fez uma comparação com uma situação profissional. (O que demonstra que é uma mulher racional.)
3 – Mude de assunto. Agora, mude rapidamente para um assunto de interesse dos dois (como se nada tivesse acontecido).	Nas entrelinhas: Tradução: Assunto encerrado.

Quando dá indiretas ou faz voltas para tocar em um assunto, muitos homens acham que você não se sente suficientemente à vontade consigo mesma – ou com a comunicação no relacionamento – para dizer o que pensa. Mas quando apresenta o problema em duas frases e em seguida *muda de assunto*, demonstra confiança. "Epa! Se eu tentar de novo ela pode me trocar por outro." Quando sente que você não aceita ser menosprezada, ele considera com muito mais entusiasmo a hipótese de um compromisso.

PRINCÍPIO DO DESEJO Nº 62

Para um homem, discutir um assunto importante de maneira emocional é totalmente inadequado. Quando você fala com calma, ele sente que o assunto de fato tem importância.

A primeira coisa que ele ouve é o *tom de sua voz*. Só depois decide se vai ou não respeitar e dar credibilidade *ao conteúdo* de sua fala. Se a sua voz estiver carregada de emoção, ele vai concluir que você está confusa. "Ela é muito emocional, nem vou ouvir o que está dizendo." Ele vai apertar o botão e tirar o som. "Estou com a faca e o queijo na mão. Posso fazer o que quiser que ela não vai me largar." Assim, se quiser que ele ouça o que você está dizendo, fale com tranquilidade.

A primeira lição que um verdadeiro lutador aprende é que deve selecionar seus combates com muita sabedoria. Um campeão não fica se balançando de um lado para outro nem se desgastando diante de um fracote de menos de cinquenta quilos. O bom lutador sabe que, por mais desafiadoras que sejam as lutas, se encarar todas elas, começará a perder, porque estará exausto.

Uma maneira de evitar a luta é repreendê-lo com uma única frase.

Em um tom casual, diga:

"Isso é desnecessário, você não acha?"

Você pode também inclinar a cabeça e, com naturalidade, perguntar:

"Você acha que isso é normal?"

Se ele disser que não sabe sobre o que você está falando, simplesmente repita o que disse, mas com outras palavras:

"É comum você agir assim? Fico me perguntando..."

Depois, fique em silêncio. Se ele lhe der uma resposta que não a convença, diga:

"Sei."

Em seguida, balance a cabeça afirmativamente, tome um golinho do seu drinque e mude de assunto.

Observe que você *não* entra no jogo do parceiro: apenas sinaliza que ele está se comportando de um modo inaceitável. Uma resposta com classe e bons argumentos a coloca em outro patamar. Quando sua reação não é negativa, você não dá a ele nenhum motivo para atenuar a própria culpa: ele não pode rotulá-la de "descontrolada" nem acusá-la de o estar atacando sem motivo. Mas se você tiver uma atitude desequilibrada ou agressiva, ele terá a desculpa de que precisa para não analisar o próprio comportamento. *Nem corrigi-lo.*

Isso me faz lembrar de uma frase do filme *Segredos do poder*, no qual John Travolta interpreta uma paródia do ex-presidente Bill Clinton. Quando lhe perguntam por que ele não faz propaganda atacando o outro candidato e ressaltando seus pontos negativos, ele responde: "Não quero dar àquele filho da mãe o poder de fazer de *mim* um filho da mãe."

Sempre que sentir que alguém quer controlá-la, lembre-se deste ditado: "Jamais lute com um porco. Se o fizer, ambos ficarão imundos. A diferença é que *o porco vai adorar.*"

Botão feminino número 3: Ele pode ser grosseiro só para observar sua reação

Parte do teste consiste em descobrir onde ficam *seus* botões mais sensíveis. Então o sujeito põe os pés em cima da sua mesa de centro. Ou usa sua toalha de banho lindíssima e cara para limpar o chão ao redor do vaso sanitário, depois de tê-lo usado. À medida que vai ficando mais à vontade, ele resolve emitir gases tóxicos mortais depois de comer pimenta. Ou tenta algo um pouco ousado ou vulgar, como lhe pedir que vá ao encontro dele usando somente um sobretudo e saltos altos. É tudo premeditado, para analisar como você reage.

Um cara chegou a admitir: "Algumas vezes eu digo coisas só para irritar minha namorada, pois ela fica muito sensual quando está com raiva."

Para mostrar como o fato de provocar alguém de propósito é algo perfeitamente aceitável na "corrente de pensamento" masculina (mesmo quando se gosta da pessoa), citarei um exemplo clássico tirado de *Trump: como ficar rico*, um dos livros de Donald Trump. Ele não só admite que tenta irritar as pessoas, como também aconselha os leitores a fazerem o mesmo. Por quê? "Para ver como o sujeito reage". Veja o que ele diz:

> *"Se você disser algo inesperado, pode obter uma resposta esclarecedora. Às vezes, faço um comentário escandaloso*

em uma reunião só para ver se as pessoas entram no jogo ou se são capazes de assumir uma posição e discordar. Essa é uma boa maneira de avaliar a índole dos indivíduos que me rodeiam. Será que querem receber aprovação? Será que se sentem confortáveis diante da imprevisibilidade? Serão capazes de agir com sinceridade?"

A maioria dos homens age assim o tempo todo. Eles querem que você tire o véu de "boa moça" para que possam ver sua verdadeira face. É um pouco como um animal carnívoro curioso com alguma coisa. Por exemplo: um urso entra em um automóvel parado em um parque e, gentilmente, vai mordiscando um pequeno objeto para ver do que se trata. É um animal? Está vivo? É comestível? Que textura tem? Não é um golpe fatal: o urso só sacode um pouco o objeto e lhe dá uma pequena mordida.

Onde os homens aprendem isso? Vamos explorar as origens desse comportamento entrando em contato com a "criança interior" do homem.

Há um jogo muito apreciado pelos meninos de 12 ou 13 anos, no qual vários garotos se juntam e começam a trocar farpas:

Menino 1:
"A bunda da sua mãe é tão grande que ela precisa de duas cadeiras."
Menino 2:
"Você não se parece nada com seu pai."
Menino 3:
"A cara da sua tia é achatada como a de um cachorro pequinês."

Se um dos meninos perde a cabeça ou mostra qualquer sinal de que vai chorar ou ceder à pressão, *ele sai do jogo*. Dessa maneira, eles aprendem uma lição: vulnerabilidade é sinônimo de inferno. Esse jogo também é chamado de "Espremedor de Limão", porque é comum que algum menino fique com vontade de chorar, o que ele não pode fazer. Sua expressão facial parece com a de quem chupou um limão, porque ele fica piscando e segurando as lágrimas. Vence quem mantiver o controle e conseguir as melhores réplicas. É assim que os homens aprendem a trocar golpes verbais.

Quando se tornam adultos, os homens brincam de insultar uns aos outros de forma semelhante. Eles enxergam nisso uma maneira de se mostrarem emocionalmente frios, além de ser uma forma masculina de demonstrar afeto. Se um cara deixou escapar uma lágrima em 1986 porque seu time perdeu uma partida decisiva, o fato sempre será lembrado em comentários jocosos durante as rodas semanais de pôquer.

Isso explica de onde vêm as piadas quando ele resolve implicar com você. Na verdade, é algo afetuoso, uma maneira de lhe dizer que a vê como igual. Para o homem, é uma forma divertida de "brigar com romantismo". Um entrevistado me explicou: "Você procura uma mulher que saiba brincar e que seja sua cúmplice no crime. Ninguém gosta de uma mulher que só diz sim." Ele quer ver se você é capaz de se defender *sem desmoronar*. Se você souber retrucar, ele a verá como uma parceira em quem pode confiar. "Essa é uma mulher e tanto!"

PRINCÍPIO DO DESEJO Nº 63

Muitos homens reduzem as mulheres a um conjunto de pressuposições. Estão convencidos de que elas são dominadas pelos sentimentos e de que poderão controlá-las se descobrirem onde ficam seus botões emocionais.

Quando não conseguem fazer isso, desmoronam e se tornam a parte mais vulnerável do relacionamento. É assim que eles pensam. Os homens acreditam que as mulheres são incapazes de ter pensamentos analíticos e as consideram "tecnicamente deficientes" no que se refere às questões científicas. Eu me lembro de assistir a um noticiário sobre uma astronauta que fazia parte de uma missão espacial da Nasa. Havia dois homens perto de mim, e um deles parecia tão assustado que o outro tentou confortá-lo: "Alguém precisa cozinhar e lavar louça lá no espaço."

Os homens fazem pouco-caso das mulheres policiais. E também das militares. Por quê? Porque consideram-nas excessivamente emocionais e julgam que criaturas assim não poderiam andar armadas. A rigor, todas as mulheres teriam que trocar suas armas por descascadores de legumes. Na solenidade de condecoração, elas receberiam medalhas cor-de-rosa, ao toque das trombetas. "Nós lhe entregamos esta medalha por você ter nos preparado um delicioso lanche, sob um ataque de morteiros."

Portanto, os homens têm ideias preconcebidas. E quando uma mulher os surpreende com uma abordagem racional, aqueles que são de qualidade pensam: "Essa tem força. É uma mulher com quem eu me casaria." Muitas mulheres não percebem que a melhor maneira de conquistar a confiança e o respeito de um homem é demonstrando ter cérebro e ideias próprias.

PRINCÍPIO DO DESEJO Nº 64

Ele a está testando para ver se você acredita em si mesma. Quer saber quem está no controle. Quando você não se abala facilmente, ele pensa: "Essa não se deixa manipular."

Minha amiga Renee tem uma ótima solução para os momentos em que o namorado está zangado. Quando ele telefona mal-humorado, para evitar que discutam, ela põe fim à conversa de uma forma engraçada. Renee pergunta: "Você já comeu? Acho que está com fome, e isso o deixa de mau humor. Coma alguma coisa, e então ligue de novo." É parecido com a pergunta do homem: "Você está com TPM?" Mas ela fala de maneira afetuosa, sem intenção de ofender, e isso o deixa desconcertado.

Antes de se meter na precária ponte que, por cima de um abismo, leva de uma montanha à outra, o homem irá balançá-la para conferir se é segura ou se irá se desmantelar. Os homens observam como nós, mulheres, duelamos. "Ela é uma guerreira? Ou uma donzela frágil?" Antes de se transformar em um cavaleiro e de vestir uma armadura brilhante, ele quer saber: "Será que ela merece ser resgatada?"

A natureza humana é assim mesmo. Se a mulher não mostra que tem um pouco de energia, o homem a considera fraca. Ele respeita a força. Dizer a uma mulher que um homem vai protegê-la emocionalmente é como dizer a uma criança que ela deve se aproximar do valentão da escola no primeiro dia de aula e oferecer-lhe o dinheiro que trouxe para comprar merenda. Em um encontro romântico, é o mesmo que dizer: "Tome, leve o meu corpo. E eu fiz um bolo para você. Por favor, me ame."

No filme *Redbelt – Código de Honra*, o professor ensina a sua aluna: "Vença o medo e vencerá seu oponente." Mais tarde, ele diz: "Você acha que ele tem alguma desvantagem? Não. Quem a tem é o outro cara, se não tiver autocontrole."

PRINCÍPIO DO DESEJO Nº 65

Um homem pode mencionar uma suposta imperfeição em você para provocar insegurança. Se não surtir o efeito desejado, é ele quem acaba ficando inseguro.

Botão feminino número 4: Ele pode testar seus limites só para ver até que ponto consegue se safar

Uma mulher que vivia um casamento feliz de 35 anos me contou uma história interessante. Quando eram recém-casados, o marido deixava toalhas ensopadas em qualquer canto da casa: sobre a cama, no chão, penduradas nas portas. Ela percebeu que não funcionava pedir a ele que recolhesse as toalhas, então começou a jogá-las pela janela do segundo andar, sobre uma "árvore de toalhas". Antes do banho, ele ia lá fora e pegava uma toalha da árvore. Foi só quando as toalhas começaram a cheirar mal, que ele decidiu acatar as resoluções domésticas. ("Se não estiver no cesto, não será lavada.")

Alguns homens usam como estratégia uma pretensa incapacidade de fazer algo, de modo que a obrigação passa a ser da mulher. Os homens se fingem de incompetentes o tempo todo: não têm nenhum cuidado na hora de lavar a louça, preparar o café da manhã ou arrumar as roupas no armário, só para que você não lhes peça que assumam nenhuma obrigação. Se você criticar a forma como ele desempenhou qualquer atividade doméstica, como cuidar das crianças ou outra tarefa considerada tipicamente feminina, ele dirá: "Ótimo. Se eu não sei fazer, faça você mesma." Você deve evitar este cenário a qualquer custo, senão, daí em diante, você terá que assumir a responsabilidade por tudo.

PRINCÍPIO DO DESEJO Nº 66

Para estimular o comportamento certo, diga o que você quer e mostre como fazer. Depois, elogie com entusiasmo.

Paulette fez exatamente isso. Como tanto ela quanto o marido trabalhavam fora, combinaram que quem chegasse primeiro começaria a preparar o jantar. Ela contou: "Muitas vezes, quando vejo que ele não está em casa, fico dando voltas de carro até que ele chegue e comece a preparar o jantar. Às vezes levo uma sobremesa e elogio seus dons de cozinheiro. Agora, ele cozinha com entusiasmo."

Assim, se seu marido relutar em ir ao supermercado, apele para o ego dele. Diga: "Você sabe fazer compras tão melhor que eu! Aqui está a minha lista, acrescente as coisas de que você gosta." Quando ele voltar, elogie: "Você é o máximo nas compras! Ninguém faz isso melhor que você!"

Outra regra geral da comunicação com os homens é nunca dizer: "Amor, precisamos conversar." Ele correrá para as montanhas, como se tivesse havido um alerta de furacão.

Aviso:
Turbilhão de sentimentos chegando.
Previsão:
Não muito boa.
Previsão para hoje à noite:
Camisolão de flanela, turbulência e dor de cabeça inexplicável no quarto.

Os psicólogos modernos dizem que, quando se trata de um conflito, se você não quiser que uma pessoa se sinta atacada ou ameaçada, deve começar cada frase com "*Eu sinto que...*", ou "*Eu acho que...*", em vez de "*Você...*", que soa a acusação. Sugiro que inicie suas frases com:

"Acredito que..."
"Estou com a impressão de que..."
"Da maneira como vejo a situação..."

Você consegue despertar a atenção masculina quando não usa um tom nem palavras que tenham forte carga emocional (a atitude contrária assusta qualquer pessoa, aliás). Eis aqui as sete palavras que os homens adoram usar, não necessariamente nesta ordem. Incluí um guia de referência com as definições que eles dão a essas palavras.

CURSO RÁPIDO DE VOCABULÁRIO MASCULINO

LÓGICO

Palavra com a qual ele se descreve, mas ao falar sobre a mulher, com ternura, aos amigos, enquanto bebem cerveja, diz: "Ela é muito impulsiva. Felizmente, para ela, eu sou um cara lógico."

SENSATO

Essa é outra de suas favoritas. Os homens acham que as mulheres não são sensatas porque compram uma quantidade enorme de bolsas e sapatos caros para impressionar as amigas. Mas eles se consideram sensatos. Por exemplo: acham "sensato" comprar um carro esporte caríssimo e o último modelo de aparelho de som para substituir o penúltimo, que tem apenas seis meses.

PRÁTICO

Os homens acham que itens para o lar, como almofadas e conjuntos de toalha de banho, são ridículos e pouco práticos. Cortinas não são práticas. Prático é aquele aquário que ele instalou na sala, e as gaiolas de passarinhos que pendurou na área e que enchem o chão de alpiste.

ESTRATÉGICO
Os homens amam esta palavra. "Como nós dois trabalhamos, acho que seria bem estratégico contratar uma empregada." Esse termo faz com que ele se sinta um importante homem de negócios, o presidente da casa.

ANALÍTICO
Refere-se a uma habilidade concedida unicamente às espécies masculinas, que lhes permite "analisar" como as mulheres são emocionais.

RACIONAL
A opinião dele.

IRRACIONAL
A sua opinião.

Nossa aula sobre vocabulário masculino chegou ao fim, mas, antes de sair, lembre-se do dever de casa. Em vez de "Precisamos conversar sobre meus sentimentos", diga com serenidade: "Acho que seria bom analisar a situação *racionalmente*." Agora quem tem o controle remoto nas mãos é você: pode apertar todos os botões!

A primeira consequência será que ele irá parar o que estiver fazendo e olhar para você, parecendo muito confuso. Em seguida, luzes se acenderão. Seu pedido não apenas irá deixá-lo impressionado, como também fará com que ele pense que você é uma pessoa que sabe do que está falando.

5

PROCURA-SE: JOÃO PAGADOR

POR QUE A INDEPENDÊNCIA FINANCEIRA A TORNA DESEJÁVEL COMO ESPOSA

Respeito é a moeda básica.

– CLIVE OWEN, NO FILME *O PLANO PERFEITO*

O CAPATAZ DA MINHA MINA DE OURO

Há certas coisas que seu namorado nunca dirá na sua cara. Em primeiro lugar, ele não dirá que tem medo de sofrer um prejuízo financeiro em caso de divórcio. Nem que se sente apavorado só de pensar em ficar preso a um relacionamento com uma mulher que faz com que ele se sinta um caixa eletrônico. Muito menos que teme que você só o valorize pelo que ele pode lhe oferecer. Para um homem, essa é a maior das armadilhas.

Quando pensei em um subtítulo para este livro, pedi a opinião de dois amigos. Um deles, jocosamente, sugeriu que ele deveria se chamar *Por que os homens casam com as mulheres poderosas: um guia feminino para uma aposentadoria precoce.* É uma ideia engraçada, que deixa claro o que os homens mais temem: uma mulher que se case com eles por causa de sua "sagacidade empresarial e conta bancária". *Não porque os ame de verdade.*

Durante o namoro, ele estará sempre alerta e será observador: "Ela gosta de mim por eu ser quem sou ou por aquilo que posso oferecer a ela?"

Quando um homem leva uma mulher poderosa e independente para jantar, ele não pensa: "Sem mim, ela nunca viria a esse restaurante." Se ele comenta que acabou de comprar uma propriedade por 1 milhão e 600 mil dólares, a poderosa reage tranquilamente: "Que bom. Parabéns." Ela não se mostra incrivelmente impressionada e louca para abocanhar uma parte. Se ele vai buscá-la em um Aston Martin de 350 mil dólares, ela entra no carro e diz: "Obrigada por vir me buscar. Foi muito gentil de sua parte." Isso mostra que *ela ficou encantada com o homem, não com o carro.* Essa é a mulher capaz de fazer um homem olhá-la como uma possível companheira. Por quê? Porque ela não se mostra impressionada com o status ou os sinais de riqueza que tanto atraem as outras mulheres. Isso a torna diferente.

Será sua independência o que irá conquistar o coração dele. Ele se casa com a mulher que prefere andar em um carro velho e amassado a ser tratada com desrespeito. Ele precisa saber que, se não se comportar bem ou não for um cavalheiro, você chamará um táxi ou voltará de ônibus para casa. Quando sente que você não pode ser "comprada", ele pensa em casamento.

Quando se trata de assumir um compromisso, os homens tendem a se afastar das mulheres que conhecem os lugares mais caros. Ou das mulheres que se mostram muito familiarizadas com objetos reveladores de sucesso financeiro. Quando ela diz "Que lindo Rolex!", o que ele vê é uma interesseira ambiciosa em potencial no caminho dele.

Um homem de qualidade foge correndo dessa armadilha que as poderosas nunca usam.

PRINCÍPIO DO DESEJO Nº 68

Quando um homem vê que você está focada nos próprios sonhos ou no seu crescimento, ele se sente mais seguro em se casar, porque não se preocupa com o que você possa querer tirar dele.

Os homens, mais que nunca, veem como uma boa companheira uma mulher que seja capaz de contribuir financeiramente. Querem se casar com uma mulher de qualidade. Desejam compartilhar com a esposa o orçamento do mês, e ter a segurança de que ela será solidária se ele enfrentar dificuldades financeiras.

Os homens têm um medo secreto de ser incompetentes ou de mostrar seu lado mais fraco. Temem que, depois de conquistadas, as mulheres descubram que eles não são os príncipes encantados pelos quais se apaixonaram e peçam o divórcio. Tenha certeza: os homens sonham em encontrar uma mulher especial com quem possam passar o resto da vida. E essa parceira é alguém com quem *eles possam contar*. É por isso que se sentem atraídos pelas mulheres poderosas: elas os veem com mais objetividade e os amam por aquilo que eles *são*, não por uma fantasia construída nem por aquilo que eles *têm*. Permanecerão ao seu lado e serão fiéis na saúde e na doença, na riqueza e na pobreza.

Os homens não mencionam essa necessidade de "segurança", porque isso não é considerado viril. Mas eles também desejam sentir-se seguros. Veja o que se passa na cabeça de um homem quando ele pensa em se casar com você:

"Ela me abandonaria se eu estivesse em dificuldades financeiras?"
"Ela seria capaz de segurar a onda se houvesse uma emergência?"
"Ela me deixaria por um cara que tivesse um Mercedes do ano e uma casa na praia?"

Os homens têm tendência a abordar o amor como se fosse uma negociação. Uma das perguntas mais comuns durante minhas entrevistas foi: "O que ela está trazendo à mesa de negociações, além do sexo?" E aqui entra, mais uma vez, a diferença entre as poderosas e as outras. Os homens, em geral, colocam na mulher fraca o rótulo de "passiva", e na mulher forte o rótulo de "ativa". Sua reação típica é algo como:

PASSIVA:	ATIVA:
Uma mulher que procura desesperadamente um homem que a resgate do tipo de vida que leva. Seu único pensamento é: "Preciso de um namorado." Eles dizem: "É o equivalente a adotar uma criança da qual terei de cuidar. Ela precisa de alguém que pague suas contas."	Uma mulher forte e com objetivos de vida, que não se entrega a qualquer um nem se vende. Ele pensa: "Ela me ama de verdade, por eu ser quem sou. Ela não está comigo porque precisa de um vale-refeição ou de um pai."

Como afirmou Will Smith: "Ter renda própria é um dos maiores atrativos." Os homens costumam concordar: eles querem uma mulher que saiba "administrar os negócios". Isso os excita mental e sexualmente, além de lhes dar algo de que, na teoria, não necessitam: um sentimento de proteção e segurança.

Isso não é apenas em benefício do homem, mas também da mulher. Gosto muito de algo que ouvi Lady Gaga dizer: "Algumas mulheres optam por correr atrás dos homens, outras optam por correr atrás de seus sonhos. Se você está em dúvida sobre que caminho seguir, lembre-se de que sua carreira nunca vai acordar de manhã e dizer que não a ama mais."

Segundo os homens, uma mulher que faça questão de dividir a conta do jantar – ainda que só ele acabe pagando – passa uma sensação de força que conquista respeito. Eles se sentem atraídos por mulheres que se veem como vencedoras. Alguns homens não se importam com a *opção* de tomar conta de alguém depois que se apaixonam. Mas há uma diferença entre *opção* e *obrigação*. Eles não querem que uma obrigação lhes seja imposta.

Peter se lembrou da primeira impressão que teve de sua esposa, Kim. "Ela é chinesa e, quando chegou aos Estados Unidos, não falava nem uma palavra em inglês. Anos mais tarde, começou o próprio negócio e alcançou sucesso. Isso é incrível!" Perguntei se a educação tradicional de Kim a fazia submissa na relação. "De jeito nenhum. Ela se faz respeitar completamente." Observe bem o que Peter respeita: a força de caráter de Kim.

Mais uma história verdadeira: um banqueiro muito bem-sucedido me contou sobre o momento em que teve certeza de que ia se casar com sua noiva. Ela era enfermeira em um renomado hospital especializado no tratamento de crianças prematuras. Um dia, a noiva o levou para fazerem um "passeio", no qual ele pôde ver como era o dia a dia dela. Ele descreveu essa experiência como um momento definitivo no relacionamento. Ele disse: "Eu vi o que ela faz. Eu a vi realizar massagens cardíacas nos recém-nascidos [em seguida, demonstrou, com dois dedos, como ela fez uma ressuscitação cardiopulmonar e seus olhos, literalmente, se iluminaram]. Pude ver o respeito com que os médicos se dirigiam a ela. Foi então que pensei: Eu tenho muita sorte de ter essa mulher ao meu lado."

É comum ouvirmos os homens admitirem que se sentem mentalmente estimulados quando veem uma mulher "em seu espaço". Seja na indústria de roupas, na área da saúde, como advogada, falando ao telefone com um cliente, ou simplesmente usando roupas formais de trabalho, os homens respeitam uma mulher que esteja fazendo algo útil e construtivo.

Agora, compare isso a uma mulher que só esteja construindo um guarda-roupa, que tudo o que possua na vida lhe tenha sido dado pelos pais ou por outros homens e que entre na relação demonstrando sentimento de posse. Ela é bonita e se comporta como se fosse uma "deusa" a ser cultuada. No restaurante, pede o prato e o vinho mais caros do cardápio e passa a noite fazendo pose. Para sua grande surpresa, tudo isso se volta contra ela quando o cara lhe diz, ao deixá-la em casa: "Não é justo com você que eu lhe peça que continue a sair comigo. Você merece muito mais, e eu não tenho condições de lhe proporcionar o que deseja. Como eu detestaria vê-la sofrer, acho melhor nos afastarmos."

Meu amigo Bobby me disse em certa ocasião: "Algumas vezes tenho vontade de pedir a uma garota que, no próximo encontro, traga o extrato de seu cartão de crédito. Quero saber o estilo de vida a que ela está acostumada antes que as coisas tomem um rumo mais sério. Ela é esbanjadora? Gasta três vezes mais do que ganha?"

PRINCÍPIO DO DESEJO Nº 69

Os homens não julgam quanto dinheiro você tem: eles observam como você o administra.

Já no primeiro encontro o homem começa a observá-la para descobrir como viveria se entrasse em seu mundo. Ele começa a armazenar fatos, palavras e atitudes, e a gravar tudo no seu banco de memória. Veja o que ele irá gravar:

A "ANÁLISE DE RISCO" DO CASAMENTO

O que o homem observa:

- Se você possui uma bolsa caríssima de grife (com cinquenta centavos dentro).
- Se você tem um carro novo que está todo arranhado.
- Se sua casa é limpa e aconchegante, ou se é malcuidada (ele concluirá que esse é o ambiente que irá encontrar todos os dias, quando chegar do trabalho).
- Se você tem uma enorme pilha de contas atrasadas na prateleira.
- Se há botões faltando na televisão ou no som (ele concluirá que você é descuidada e desastrada).
- Se seus animais de estimação são bem cuidados.
- Se a eletricidade ou o telefone são cortados (ele não quer adotar uma menininha que demande cuidados constantes).
- Se você paga a conta do celular com um cartão de crédito com limite estourado (você vai acabar com o crédito dele).
- Se você tem um armário entulhado com sapatos e roupas, e toneladas de produtos de maquiagem espalhados por todo o banheiro (ele concluirá que a aparência é o que você mais valoriza).
- Se você vive com a conta bancária no vermelho.
- Se você mantém muitas bebidas no bar, mas não tem comida na geladeira.
- Se você pega dinheiro emprestado, ou conta com as amigas ou a família quando o salário acaba antes do fim do mês.
- Se você já foi casada e explorou o ex no divórcio (ele tem medo de acabar na mesma situação).

Por que esses sinais podem aumentar ou destruir seu potencial para um casamento?

Essas são pistas que dizem ao homem se vocês poderão ou não construir uma vida juntos. Ele procura sinais de desleixo porque quer ver como você trata as coisas conseguidas com muito trabalho e esforço. Talvez ele não faça nenhum comentário, nem termine imediatamente o relacionamento por causa disso. Mas vai guardando essas informações no banco de memória e as leva em *cuidadosa* consideração na hora de decidir se deve dar um passo adiante e propor uma relação mais séria ou se o melhor a fazer é cair fora.

A maioria das mulheres acha que precisa se preocupar com as finanças do parceiro porque considera que ele deve ser o provedor. Entretanto, hoje mais que nunca, os homens também analisam as finanças femininas. Mesmo os que são ricos.

Um rapaz extremamente bem-sucedido, chamado Kenny, explicou: "As mulheres aprendem que basta serem bonitas para que um cara queira cuidar delas. Conheci mulheres que, embora ganhassem muito pouco e morassem em uma quitinete, nunca atrasavam o pagamento de suas contas. Elas davam um jeito de viver dentro do orçamento. Também conheci mulheres que tinham muito dinheiro, mas gastavam em coisas tolas e supérfluas. Estavam sempre aos prantos, porque a eletricidade fora cortada, ou porque ficaram sem combustível para o BMW e teriam que ir a pé até o posto de gasolina usando seu vestido Chanel. E ainda agiam como se o mundo inteiro estivesse contra elas, sem se darem conta de que tinham sido responsáveis pelo déficit. Esse é o tipo de mulher que nos leva para o cemitério bem mais cedo que o esperado."

Os homens admiram as mulheres que desejam progredir por si mesmas, ascender por mérito próprio. Eles temem as alpinistas sociais, que querem subir na vida às custas de um homem.

Essa é, muitas vezes, a razão pela qual ele desiste do casamento. Lee e Tracy são exemplos perfeitos. Lee era um empresário de sucesso e Tracy era cabeleireira e dividia o apartamento com uma amiga. Ela sonhava em ter o próprio salão, e Lee a admirava por isso. Nove meses depois, quando ficaram noivos, ele lhe deu um anel de brilhantes maravilhoso e disse que arcaria com todas as despesas da festa de casamento. Ela escolheu fazê-la no hotel mais luxuoso, comprou um vestido de noiva caríssimo e pôs a lista de presentes em uma loja muito chique. Todos os convidados passariam a noite no hotel e receberiam uma massagem como cortesia (tudo por conta dele). Lee disse a Tracy que não aprovava o fato de a lista ter sido feita naquela loja cara, porque temia que seus parentes, todos de classe média, não pudessem pagar pelos presentes.

Lee lembra: "Não passava pela minha cabeça que alguém pudesse colocar em uma lista de presentes uma jarra de cristal de novecentos dólares. Comecei a me sentir desconfortável e a questionar a situação na qual estava me metendo. Quando Tracy largou o emprego, percebi que estava cometendo um erro gigantesco e desmanchei o noivado. Não senti que o casamento fosse baseado em amor verdadeiro nem que iríamos construir uma vida juntos, na alegria e na tristeza. Tudo me parecia mais uma exibição para os amigos dela. Eu percebi que Tracy queria que eu arcasse com um conto de fadas."

Como os homens não costumam desejar uma cerimônia de casamento de Cinderela, fique muito atenta. Eles notam quando uma mulher que não tem nada de repente desenvolve um gosto por coisas caras. Se você não for autossuficiente (ou se não está *trabalhando* com esse objetivo), tudo o que disser sobre compromisso e casamento será visto com bastante suspeita.

Pense no seguinte: a mulher poderosa não precisa desses sinais exteriores de riqueza e poder para se afirmar. Ela valoriza muitíssimo mais as qualidades internas e essenciais, pois sabe que é a partir delas que se pode construir uma relação sólida e feliz.

Vamos às perguntas suspeitas:

ELA DIZ:	ELE OUVE:
"O que vamos fazer nas férias?"	"Mal posso esperar para conhecer meus futuros sogros!"
"Você tem casa própria?"	"Eu me mudo para lá em trinta dias."
"Você me empresta seu carro?"	"Posso dirigir meu carro novo?"
"Você já pensou em se casar?"	"Não vejo a hora de largar meu emprego."
"Quais são suas intenções?"	"Onde está minha aliança?"
"Eu me recuso a perder meu tempo."	"Comprei o vestido. Chegou a hora. Vamos marcar a data!"

É isso que frustra os homens, pois eles raramente ouvem uma mulher dizer: "Mal posso esperar para abrir meu próprio negócio." Nem: "Mal posso esperar para fazer aquele curso de corretora de imóveis." A maioria das mulheres tem um só objetivo: "Quero me casar em menos de um ano." Para isso, ela vai à academia, compra maquiagem, se arruma magnificamente e não entende por que o relacionamento não avança.

Na vida real, a última coisa que um homem deseja é uma mulher que bata o pé raivosamente porque não está concretizando um casamento que sente que é seu por *direito*. Os homens ficam tão frustrados com essa atitude que entre si usam expressões para descrever a situação:

"EM MISSÃO":	"OCUPANDO UM LUGAR":
A mulher que deseja uma belíssima festa de casamento, mas não se preocupa com o fato de estar ou não apaixonada pelo noivo.	A sensação de "estar apenas ocupando um lugar" é aquela que invade o homem quando percebe que o interesse da mulher no casamento não tem nenhuma relação com quem ele é.

É por isso que você é "diferente de todas as outras" quando não age como se um casamento fosse o mais ambicionado troféu a ser conquistado.

A sociedade ensina às mulheres que elas têm um tempo de validade, sexualmente falando. E elas acreditam nisso. Depois que atinge certa idade, a mulher deixa de se ver como um prêmio. Quando conversei com os homens sobre a pressão que as mulheres sofrem para se casar até determinada idade, fiquei surpresa ao ouvir da maioria deles que isso é um mito. Se uma mulher se cuida, ela pode ser sensual aos 30, aos 40, aos 50 anos, ou até mais velha. Não existe "data de validade" para o casamento. Segundo os homens, o que torna uma mulher menos desejável é a insegurança que envolve sua sexualidade, não a falta dela. Ou quando ela pensa que *a única coisa que pode oferecer é sexo.* Se ela tem 20 anos, é atraente, tem a vida inteira pela frente, mas acha que sua única moeda de troca são os "peitos bonitos" ou "a bunda que fica linda naquela calça jeans", em pouco tempo se torna muito desinteressante. Se ela só tiver isso a oferecer, e não for capaz, alegre e independente, será uma pessoa menos desejável.

Sempre que conheço um homem que é feliz no casamento, fico curiosa por saber como é sua mulher. Michael me contou a seguinte história: "Quando conheci minha mulher, ela trabalhava em uma agência de publicidade e exercia um cargo de prestígio. Então, perdeu o emprego. Até conseguir outro, trabalhou como garçonete. Nunca demonstrou ter pena de si mesma. Era uma pessoa realista. Tinha de pagar as contas, então enfrentou a parada. Isso me fez respeitá-la profundamente e me fez desejar construir uma vida ao lado dela." Michael foi conquistado pelo caráter da mulher e pela maneira como ela lidou com a adversidade, fazendo questão de andar com os próprios pés.

Tudo isso também afeta a maneira como o marido trata a esposa depois do casamento. Eva é uma mulher casada e feliz. Até pouco tempo era seu marido que sustentava a casa. Quando ela queria comprar algo, pedia a ele, e às vezes ouvia algo do tipo: "Vamos esperar uma semana." Isso fazia com que ela se sentisse infantilizada. Um dia, Eva tomou a iniciativa e arranjou um emprego em meio expediente. Agora, em vez de perguntar "Posso comprar isso?", ela entra em casa e mostra: "Amor, olhe só o que eu comprei." E algo muito interessante aconteceu. Eva percebeu que o amor do marido está maior e mais intenso.

Os homens se sentem emocionalmente ligados a uma mulher que sabe ser um pouco autoritária de vez em quando. A mulher capaz de levantar-se e ir embora quando deseja lhes causa admiração. Quando um homem encontra uma mulher capaz, que só precisa de um homem de qualidade para ser seu companheiro de vida, ele a trata de maneira *diferente*. Essa é a mulher com quem ele se casa.

PRINCÍPIO DO DESEJO Nº 71

Ele não quer se casar com uma menininha desamparada, de quem terá que cuidar.

A mulher desamparada e frágil, que não sabe tomar decisões, logo deixa de atrair o parceiro também sexualmente.

É claro que toda regra tem exceção. De vez em quando, você pode encontrar um homem que deseje uma mulher submissa ou uma menininha desamparada que fique na cozinha preparando biscoitos. A maioria dos homens, no entanto, não quer uma mulher-robô desamparada. Se ele é uma pessoa de qualidade, deseja uma companheira que o apoie. Quando constata que a mulher sabe tomar boas decisões, logo se sente mais próximo dela: "Bacana. Somos parecidos." É essa mulher que ele levará para escolher a casa em que vão morar e a nova mobília. Ela se torna um bem. Um homem gosta de uma mulher que tenha opinião própria, que saiba pensar, em quem ele possa confiar. Dessa forma, ele não precisa decidir tudo e se sente livre de uma série de pressões.

PRINCÍPIO DO DESEJO Nº 72

Para um homem, as palavras respeito e confiança estão profundamente ligadas. Se não a respeitar, ele não confiará em você...

...e se não houver confiança, ele não permitirá que você se aproxime.

Reconhecimento: a via de acesso ao coração dele

Mais que comida, mais que sexo, o fato de você fazer com que o homem se sinta admirado e reconhecido é que vai levá-lo a tomar a decisão de assumir um compromisso mais sério. Tenha certeza disso. O reconhecimento é o caminho até o coração de um homem. Ele é capaz de ir até o fim do mundo só para se sentir amado por uma mulher que o admire. Mary Kay Ash disse: "Há duas coisas que as pessoas desejam mais que sexo e dinheiro: reconhecimento e elogios."

Algumas vezes, um homem é gentil, e lhe dá um presente, compra flores para você, enche o tanque de seu carro. Mas ele desanima quando lhe faz esses pequenos agrados e você não diz algo do tipo: "Como você é gentil! Obrigada." Com o passar do tempo, os gestos generosos se tornam mecânicos e os sentimentos vão perdendo o vigor, até que ele se desliga totalmente de você.

É por isso que os homens ficam até tarde no trabalho e evitam voltar para casa. É por isso que param de se esforçar. Nada pode desmotivá-los mais rapidamente que o sentimento de que não são reconhecidos.

PRINCÍPIO DO DESEJO Nº 73

Quando ele a presentear com algo, sempre dê valor à gentileza do gesto, não ao presente em si.

Assim como as mulheres adoram ser continuamente elogiadas, um homem não se cansa de ser reconhecido por sua contribuição. Danny contou a história de uma mulher com quem saíra várias vezes, sempre a levando para jantares regados a vinho. Em um fim de semana, ela o convidou para jantar, em retribuição. Ao chegar à casa de Debra, ele abriu a geladeira e se surpreendeu ao constatar que só havia dois itens lá dentro: mostarda e pão integral. Ela disse: "Não tive tempo de ir ao mercado. Vamos juntos?" Ele a acompanhou e se prontificou a empurrar o carrinho. Ela pegou outro carrinho, encheu os dois até a boca e deixou a conta dolorosa para ele pagar.

Danny prosseguiu: "Eu paguei por tudo, e ela nunca me agradeceu nem tampouco demonstrou reconhecimento. Para piorar, não caprichou nem um pouco no jantar." Quando lhe perguntei se ele voltara a sair com a moça, ele respondeu: "Não só deixei de sair, como nunca mais quis vê-la."

Em minhas entrevistas com os homens, esse sempre se revelou um dos maiores motivos de sua resistência à ideia de casamento. Se você quiser convencer um homem a *não ser generoso*, basta não demonstrar nenhum reconhecimento por aquilo que ele lhe ofereceu. Ele nunca mais se empenhará em lhe agradar. Como disse um dos entrevistados: "Seus dias estarão contados."

PRINCÍPIO DO DESEJO Nº 74

A palavra de que os homens mais gostam é reconhecimento. Ele deseja mais que tudo sentir-se admirado e valorizado por uma mulher. Quando ela lhe demonstra apreço e reconhecimento, ele se sente motivado a lhe oferecer o mundo.

Demonstrar reconhecimento por aquilo que ele faz ou lhe dá é a maneira mais importante de valorizar e alegrar um homem. Isso explica por que ele é capaz de esquecer as datas de aniversário, de bodas ou do Dia das Mães, mas nunca se esquece de sua cerimônia de premiação como "técnico do ano", mesmo que só vá receber um mísero trofeuzinho.

Ele não irá lhe entregar o próprio coração, nem colocará uma aliança em seu dedo e muito menos pagará por uma festa de casamento e comprará uma casa se, quando recebe algo dele, você o faz como se o gesto fosse natural e não tivesse tanto significado. Portanto, se você quiser que ele seja generoso, não se esqueça de dizer as palavras mágicas:

"Muito obrigada por você ter consertado (o que quer que seja). Você sempre me ajuda tanto..."

"Você foi realmente maravilhoso naquela noite em que me

levou (aonde quer que seja). Obrigada mais uma vez."

"Eu simplesmente adorei (o presente que ele lhe deu. Diga-lhe isso mesmo que não tenha gostado).

Em seguida, acrescente:

"Você é muito generoso!"

Não há palavras mais doces aos ouvidos masculinos.

É aí que muitas mulheres erram depois do casamento. Elas exigem demais, baseadas naquilo que *imaginam* que um homem possa oferecer, sem levar em conta quanto ele ganha.

Há pouco tempo, ouvi dois médicos bem-sucedidos conversando. A esposa de um deles acabara de dar à luz. Ele se recusava a ter outro filho com ela. O amigo perguntou: "Como ela está?" O médico respondeu com amargura: "Ela está ótima, porque contratamos uma babá para ficar 24 horas tomando conta do neném, e com isso ela passa o dia todo sem fazer nada. Vai ao pilates, faz compras, faz o cabelo e as unhas." Nesse momento, o outro médico tentou minimizar a situação: "Veja pelo lado positivo. Pelo menos ela não exigiu um motorista com uma limusine só para ela e outra para a babá e o neném."

Se um homem sustenta a casa, e sua mulher não trabalha e eles só têm um filho, é provável que ele questione por que uma babá é a *principal* cuidadora da criança. Se tivesse continuado a trabalhar em meio expediente, ou se tivesse dito "Não preciso de uma babá em tempo integral, querido, alguém que me ajude metade do dia já é suficiente", ela pareceria mais razoável. Em vez disso, ele estava trabalhando oitenta horas semanais em dois hospitais, enquanto ela ia ao pilates para "relaxar".

A maioria dos homens não espera uma contribuição igual, apenas uma contribuição justa. Ao contribuir de maneira satisfatória, você mantém o respeito e a confiança do homem.

Quando converso com homens bem-sucedidos, que começaram o relacionamento demonstrando muita generosidade, a tristeza que sentem é claramente perceptível. Não tem nada a ver com dinheiro. Tem a ver com a perda de um sonho. O sonho da mulher é crescer e casar-se com seu príncipe. O do homem é o de "construir um império". É por isso que ele faz faculdade, abre um negócio, trabalha com afinco, investe o dinheiro e compra propriedades. Ele está construindo o seu império. Sua mulher é parte importante do processo.

Se a mulher com quem ele está não o ajuda financeiramente; ou tem mais filhos do que ele pode sustentar; se não se propõe a cuidar das crianças; se nunca cozinha ou limpa a casa; ou se joga nos ombros dele uma pilha de contas desnecessárias, ele pode começar a sentir que ela está prejudicando seriamente o progresso de seu "império". Se houver um efeito dominó, ele pode se desligar emocionalmente da relação. E não vai se sentir apenas enganado e traído, também vai ficar triste. Não é só por causa de dinheiro, essa é uma questão muito mais profunda. Para que um homem trabalhe quarenta, sessenta ou oitenta horas por semana por décadas, ele precisa acreditar em uma causa. Se ele achar que sua mulher é o motivo pelo qual seu *império* nunca vai frutificar, tudo muda. Cada dia que for trabalhar, ele o fará com ressentimento, porque se sente como escravo de uma causa *na qual não mais acredita.*

Se você acha que isso não faz sentido, pergunte a qualquer homem que se dedique ao trabalho com afinco.

Podemos citar ainda o sujeito que é dono do próprio negócio e sua mulher não o ajuda. Ele precisa pagar uma recepcionista ou um assistente – o que o faz levar para casa só a metade dos lucros, ao passo que ela só pensa em ir às compras.

PRINCÍPIO DO DESEJO Nº 76

Se um homem sente que está sendo explorado, ele se afasta e não cria nenhum vínculo emocional.

Afinal de contas, companheirismo está associado a dividir a vida com outra pessoa. Quando um homem sente que pode ter encontrado sua alma gêmea, ele não se mostra tão obsessivamente preocupado com o que gasta, desde que não se considere explorado. Se ele gostar de você, não se importará com nada além de ganhar seu amor. Como um deles me explicou: "É uma sensação boa poder ser generoso e levar uma mulher a um bom lugar, quando se está apaixonado por ela."

Cupons, ressarcimento, pratos divididos, ou uma grave relutância em pagar a conta do restaurante, nada disso pode passar despercebido, pois ele está demonstrando que não leva o relacionamento a sério. Como um dos entrevistados me explicou: "Um cara não pode estar perdidamente apaixonado por você e ser mesquinho ao mesmo tempo." E se ele for um pão-duro por natureza? Você não vai querer ficar ao lado dele. Imagine como seriam os votos de casamento: "Prometo amá-la e respeitá-la, na saúde e na doença, até que a morte nos separe... A não ser que eu tenha que gastar vinte dólares. Neste caso, estou fora!"

Brincando de casinha

Vanessa e Jean Marc tiveram um namoro muito rápido. Em três meses ele se declarou, comprou uma aliança e os dois resolveram morar juntos. Ela vendeu seu apartamento, pediu demissão do emprego e se mudou para a casa dele, que ficava a uma hora de distância. Logo depois, Vanessa começou a perceber uma mudança em Jean Marc. Se antes ele demonstrava respeito, aos poucos foi se tornando desdenhoso e agressivo. Nove meses depois, ela se mudou para outro lugar. Pergunta: O que há de errado nessa situação? Tudo.

Primeiro, há a questão do tempo. Nunca vá morar com um homem depois de apenas poucos meses de relacionamento, nem se mude para a casa dele. É cedo demais. Além disso, a "casa de solteiro" de um homem raramente é um local convidativo para uma vida a dois. Por isso, é altamente improvável que você algum dia sinta que a casa também é sua. Parecerá uma brincadeirinha que não deu certo. Se você tentar mudar a decoração para que o local fique mais atraente, ele sentirá como se estivesse abrindo mão do próprio espaço. E você terá de se desfazer de um monte de coisas que a deixam confortável em sua casa. Em suma, uma situação péssima.

PRINCÍPIO DO DESEJO Nº 77

Quando se muda para a casa de outra pessoa, você não abre mão apenas de seu espaço pessoal e de seus pertences. Você quase sempre deixa de se sentir independente.

Quando você coloca dois filhotinhos de gato na mesma casa, eles se relacionam bem. Mas se você põe um gato estranho no território de outro, o dono da casa passa a dominar o novato. É por isso que as mulheres se sentem desconfortáveis quando se mudam para a casa do homem. É uma questão territorial.

Assim, ou você permite que ele more na sua casa (se tiver espaço suficiente), ou, o que é preferível, procurem um novo lugar para os dois. Essa é a melhor opção, pois vocês poderão negociar tudo: um armário próprio, dois banheiros ou duas pias, se houver um único banheiro e qualquer outra coisa que garanta a harmonia. É ainda altamente recomendável que providenciem uma cama tamanho *king*. Essa atitude será sem dúvida a mais amorosa e sábia, porque permitirá que durmam abraçados, se quiserem, mas também garantirá que você possa se afastar caso ele se mexa muito ou ronque demais. Ou simplesmente se você é do tipo de pessoa que dorme melhor quando não corre o risco de cair da cama. Confie em mim: tamanho *king*.

Imaginemos que você se mude para a casa dele, que é gigantesca e possui uma cama tamanho *king*. E suponhamos que ele seja um multimilionário, e por isso você acabe abrindo mão de seu emprego. Você corre o risco de que ele diga, em algum momento, durante uma discussão: "Onde acha que estaria se não morasse comigo? Olhe ao seu redor. Sou eu quem lhe dá *tudo isso.*" Essa é exatamente a situação que você deve evitar. O melhor a fazer é mudarem-se para um novo local que *escolham juntos*. Portanto, mantenha sua independência, seu emprego, seus amigos. E, definitivamente, mantenha sua conta no banco e seus cartões de crédito, o que lhe dará a garantia de que será tratada como deseja: com igualdade, respeito e justiça.

E uma rápida observação final:

PRINCÍPIO DO DESEJO Nº 78

Se você dá muita importância a casamento, não se mude para a casa dele, a não ser que já tenha uma aliança no dedo e uma data agendada.

Se ele já estiver "brincando de casinha" com você, não terá motivos para acelerar o processo nem para dar aquele próximo passo.

Casamento e "golpe da barriga"

Este capítulo não estaria completo sem uma discussão final sobre gravidez e casamento. Acontece o tempo todo, e ninguém gosta de tocar no assunto. Sim, nós falaremos sobre isso.

Malena namorava um oncologista bem-sucedido havia seis meses. Durante esse tempo, ele foi sempre muito generoso, mas deixou claro que não queria ter filhos de imediato. Seis meses se passaram, e ele não a pedia em casamento. Malena foi ficando cada vez mais ansiosa, até que engravidou "por acidente". Depois, ela admitiu que tinha parado de tomar o anticoncepcional porque a deixava enjoada (mas se esqueceu de avisar, e quando viu já era tarde demais). Ele tentou de tudo para convencê-la a interromper a gravidez. Por fim, nasceu uma menina e ele acabou se tornando um excelente pai. Só teve um probleminha: ele não quis mais nada com Malena.

Ter um filho é uma das maiores responsabilidades na vida, e você não deve engravidar de um homem que já *tenha deixado claro* que não quer ser pai. Não é possível ter um relacionamento baseado em confiança mútua e, ao mesmo tempo, privar o homem do direito de fazer a importante escolha de ser ou não pai. O motivo de o tiro sair pela culatra tem relação com o que os homens descreveram várias vezes como uma quebra de acordo – seja de morarem juntos, seja de se casarem e terem filhos. Depois que Malena soltou a notícia bombástica, ela se tornou a mulher menos atraente do mundo.

O pai da criança explicou por que essa atitude arruinou as chances do casamento com Malena. "É maravilhoso fazer sexo, certo? Mas, e se um homem a obrigar, se contrariar sua vontade? Deixa de ser maravilhoso. É assim que o homem se sente quando há uma gravidez indesejada, que ele suspeita que tenha sido proposital. Se a mulher o obriga a entrar nessa situação, ele pode até amar a criança, mas vai nutrir intensos ressentimentos contra a mulher que o traiu, que passará a ser vista como perigosa. O que sua atitude revela é que ela é capaz de outras traições. É capaz de ir para a cama com seu melhor amigo, achando que não é nada de mais. Quando a mulher ultrapassa certos limites, as chances de que o homem a peça em casamento, ou mesmo de que continue a vê-la, são quase nulas."

Os homens respeitam a poderosa. Por quê? Porque ela tem princípios e vive de acordo com os próprios valores. Ser independente é parte da equação. A outra é ser uma pessoa confiável e de caráter.

Também já ouvi vários homens contarem histórias sobre noivados. Algumas vezes, durante uma discussão acalorada, eles pedem a aliança de volta. Em um dos relatos, quando o homem pediu a aliança, a noiva disse que a perdera. No dia seguinte, um amigo em comum confidenciou que ela tinha penhorado a joia. Depois disso, o relacionamento foi desmanchado, retomado outra vez... e desmanchado de novo.

Ela continuava querendo se casar, e durante seis meses eles fizeram "sexo de reconciliação". Mas ele se recusava a assumir um compromisso, porque não conseguia superar a sensação de ter sido enganado na história da aliança. A maioria dos homens pensa em termos de sinceridade e autenticidade da mulher. Se ela mostra que é verdadeira e diz "Aqui está, pegue essa aliança de volta", é provável que a reação dele seja: "Nada disso, fique com ela." O orgulho masculino o impedirá de retomar a joia. Mas se ela acha que tem direito de posse, ou se faz com que ele se sinta explorado, ele vai querer a aliança, sim.

O que conquista o respeito de um homem de qualidade é a *decência*. Quando perguntei aos homens o que eles procuravam em uma esposa, nunca ouvi: "Ela precisa cozinhar bem."

Nem: "Ela precisa usar lingerie sensual todas as noites." O que me disseram, repetidamente, foi: "Quero alguém em quem possa confiar e com quem possa contar."

PRINCÍPIO DO DESEJO Nº 79

O que mais atrai um homem é estar apaixonado por uma mulher com quem de fato pode contar, que realmente estará ao seu lado quando ele precisar.

6

PENETRANDO NO CLUBE DO BOLINHA

SEGREDOS ROUBADOS – TUDO O QUE OS HOMENS SÓ CONTAM UNS AOS OUTROS

Um bom casamento depende da capacidade do marido de dar um passo atrás para ver onde sua mulher está errada.

– ARCHIE BUNKER

SEGREDOS ALTAMENTE CONFIDENCIAIS DOS MEUS AGENTES SECRETOS

Prepare-se. Este capítulo lhe concederá a rara oportunidade de saber o que anda na mente de alguns dos homens que eu entrevistei. Você poderá conhecer as conversas que acontecem dentro das trincheiras masculinas na selva dos relacionamentos. Para gravar as conversas dos primatas, fiz o que qualquer zoólogo faria: aproximei-me das criaturas de maneira que não se sentissem ameaçadas. E fico feliz em afirmar que minhas perguntas não exigiram nenhum método de tortura nem de coerção.

Agora, apresento a vocês meu primeiro entrevistado. Seu nome é Timmy, e ele tem 9 anos.

Sherry: Quantos anos você tem, Timmy?
Timmy: Tenho 9 anos.
Sherry: Posso entrevistá-lo? Estou escrevendo um livro.

Timmy: Eu também vou escrever um livro.
Sherry: Qual será o título?
Timmy: *Por que as meninas são idiotas.*
Sherry: Estou sabendo que você tem uma namorada. É verdade?
Timmy: É. O nome dela é Sandy.
Sherry: Ela gosta de você?
Timmy: Com certeza.
Sherry: Como você sabe?
Timmy: Porque ela é muito boazinha com todos os garotos... mas *é muito má comigo.*

Timmy foi o mais novo dos meus entrevistados. À medida que ficam mais velhos, os homens se tornam mais cautelosos com o que revelam às parceiras, porque têm a sensação de que, se demonstrarem sempre seus sentimentos, perderão o controle sobre o relacionamento.

A maioria dos homens pareceu ser muito sincera, mas outros se mostraram pouco à vontade para revelar seus segredos. Descobri que os considerados "bons para casar" eram os mais interessados em conversar sobre os truques que eles e os amigos usavam com as mulheres. Isso confirmou o que eu já sabia: os homens possuem um código secreto em relação a compromisso, casamento e funcionamento interno de um relacionamento.

Selecionei algumas das confissões mais verdadeiras para este capítulo, palavra por palavra. Veja o que meus "agentes secretos" revelaram. Eram homens de diversos níveis sociais, inúmeras nacionalidades e idades variadas. Alguns eram casados; outros, solteiros. E, com a exceção de Timmy, mudei nomes e identidades (para proteger os não tão inocentes).

Pergunta número 1: Os homens enganam as mulheres, mostrando que desejam um compromisso mais sério apenas para conseguir certos "benefícios" sexuais?

1. "É claro que sim. CEM POR CENTO."
2. "Todo homem sabe que sua namorada responderá de forma positiva sexualmente se for levada a acreditar que o relacionamento tem potencial de 'longo prazo'. Tudo o que você precisa fazer é usar os clichês certos, como *nós*, *futuro* ou *talvez algum dia*. Os homens sempre tiram vantagem disso. Aposto que convenceria qualquer mulher a fazer o que eu quisesse se dissesse que estava pensando em me casar com ela. '*Algum dia*'."
3. "A mulher em geral demonstra claramente quais são as palavras que deseja ouvir. Basta prestar atenção. Ela faz a cama na qual o homem se deita. Um ano depois, estará frustrada por não constatar nenhum progresso. Eles não estarão morando juntos, ele não lhe terá dado a chave de seu apartamento, nem ela terá ganhado uma aliança de casamento. É então que perceberá que o relacionamento chegou ao ponto máximo e que não vai mais progredir."
4. "As mulheres acham que estão sendo espertas, mas, se minha namorada tenta me arrastar para uma festa de casamento sábado sim, sábado não, suas intenções ficam claríssimas. Se ela começa a colocar fotos nossas em todos os cantos, também fica óbvio. Deixe que ele seja o primeiro a expor a fotografia. Caso contrário, o homem irá achar que você está 'marcando território'."
5. "Os homens são enganadores. Se possuem uma bela casa, em um bom bairro, eles a usam como isca. Ele pode lhe pedir ajuda para escolher a cor do 'quarto do bebê'. Para

quando vocês tiverem um filho, *algum dia*. E se o azul--cobalto não ficar bom, o local sempre poderá ser transformado em uma bela sala de jogos. Ou ele pede que a mulher o ajude a escolher móveis. Se um homem disser a uma mulher que ele acabou de comprar uma casa e que precisa de ajuda para decorá-la, ela praticamente vai se algemar a ele. E ao pé de sua cama."

6. "Os homens se relacionam com mulheres que moram em outros estados. E elas sempre acham que a relação tem futuro. Não tem. O cara desce do avião, faz sexo durante todo o fim de semana, e depois voa de volta para casa. E pode justificar o vaivém porque mora em outra cidade. Existe uma desculpa pronta. Podemos chamar isso de 'DDD do sexo'."
7. "Os homens são traiçoeiros. Tenho um amigo que disse à namorada: 'Só me caso com a mulher que me acordar todos os dias com um boquete.' A pobre garota se matou todas as manhãs, durante três anos, e ele nunca a pediu em casamento."
8. "O homem diz à mulher que ela é inteligente, divertida, sofisticada, e que ele se interessa pela cabeça e pela alma dela (enquanto tira a sua calcinha). Essencialmente, o objetivo é fazê-la sentir que ele não a vê como um objeto sexual. E ela pensa: 'Finalmente, um homem que me vê como algo mais que um simples objeto!' E pula na cama com ele. Os homens fazem isso o tempo todo. O objetivo é que ela não saiba qual é seu verdadeiro interesse."
9. "O homem age como um bom rapaz. Diz algo do tipo: 'Nunca traí ninguém. Não sou mais criança. Meus dias de farra acabaram e estou à procura de um relacionamento *permanente*. Agora desejo encontrar a mulher ideal e me sinto diferente com você, porque posso me abrir e dizer coisas que não contaria a mais ninguém.' Quando um cara

pega pesado desse jeito, tenha cuidado: em geral, não é nada disso. E se ele demonstrar muita fluência no assunto, é capaz de já ter feito esse discurso incontáveis vezes."

10. "Alguns homens ligam com frequência e parecem muito interessados em conversas absolutamente tediosas. Uma vez, caí no sono enquanto ela falava sem parar, e ao acordar, perguntei: 'É mesmo? E o que aconteceu depois?' Quando o cara não está ouvindo de verdade, é sinal de que não está interessado em você. Está só ganhando tempo até conseguir uma boa transa."

Há algo que precisa ser esclarecido: se o homem errado tiver uma visão muito clara do que você deseja (casamento, compromisso ou coisas materiais), ele usará isso para manipulá-la. Preste bem atenção no que um homem confidenciou: "É como se a mulher desse ao sujeito um manual ensinando como manipulá-la. Basta então que ele lhe diga o que ela quer ouvir, e ela levará uns dois anos para perceber."

Estabeleça seu cronograma e seus limites e vá embora quando achar que está na hora. Fique bem atenta e observe como o homem administra a metade do relacionamento que compete a ele. Dessa forma, você conseguirá o acordo final bem mais depressa.

Pergunta número 2: Como você descreveria as características de uma mulher confiante (também chamada de poderosa), se comparadas às de uma mulher insegura?

1. "A pior coisa que uma mulher pode fazer é se encontrar com um homem todas as noites da semana. É assim que ela entra na 'lista de reservas' dele, como uma garota com

quem passar algumas horas agradáveis, apenas. O resultado é que o cara começa a chegar às nove horas da noite e sair às dez e meia. Se ele tiver acesso a ela – ou ao que deseja dela – a qualquer hora, começará a achar que não precisa levantar nem um dedo para manter a relação."

2. "Os homens são competitivos. Quando compram um carro de um modelo com edição limitada, sentem possuir algo especial. Os homens competem entre si por meio de seus automóveis porque desejam sentir que venceram obstáculos, que saíram vencedores. Isso também acontece com as conquistas amorosas. Uma mulher fácil não desperta a competitividade masculina. Quando ela para de expressar a própria opinião e começa a concordar com tudo o que o homem diz, ele costuma ficar profundamente entediado."
3. "Uma mulher nunca deve sair à procura de um homem nos três lugares diferentes em que ele disse que *poderia* estar bebendo com os amigos. Nunca tente rastreá-lo. Se você quiser assumir o papel de 'namorada', deixe que ele vá descobrir onde você está."
4. "Minha noiva foi a primeira mulher que me colocou no meu lugar. Ela sempre repete: 'Faça o que lhe der mais prazer. Ninguém o está obrigando a ficar aqui.' Se tento inventar alguma desculpa para sair de uma situação, ela diz: 'Ah, me poupe! Não me venha com essa baboseira, porque não estou acreditando.' E diz isso rindo, sem nenhuma agressividade. Mas tenho certeza de que, se ela me pegasse em uma traição, me largaria na mesma hora. É por isso que a respeito tanto."
5. "Se o homem a puder resumir em uma frase, ficará entediado."
6. "Entregar-se a um relacionamento é usufruir cada momento passado com o namorado e manifestar alegria pelo carinho recebido. Por exemplo: todas as vezes que eu dava

flores a determinada mulher, ela me falava sobre o ex-namorado que, em certo momento, tinha parado de lhe dar flores. O que ela estava perguntando, indiretamente, era se eu iria fazer como o ex. Isso me dava a sensação de que ela estava cobrando gestos futuros, em vez de apreciar as flores e aquele momento passado comigo."

7. "Uma mulher não deve dizer: 'Você me telefona pouco. Você nunca diz que me ama.' Uma mulher se torna atraente e interessante quando é imprevisível. O homem nunca deve ser capaz de desvendá-la por completo. Quando ele consegue prever seu comportamento e suas atitudes, você já o perdeu como parceiro de uma relação duradoura. *O homem vai procurar outra pessoa, alguém que represente um desafio, que ele não consiga controlar.*"
8. "Quando a mulher tem certeza de algo, deve demonstrar determinação e firmeza. Essa é a mulher que o homem respeita. Não um ser frágil e inseguro, que se quebra à mínima pressão."
9. "Não se entregue totalmente. 'Aqui estou. Leve-me com você.' Os homens querem ficar na dúvida. Pense nisso. Quando um cara escolhe um filme, ele gosta de sentir o suspense desde o começo."
10. "Uma mulher não deve falar sobre casamento, nem em tom de piada. Se você estiver louca para se casar, nunca deixe que o homem saiba disso; seria o mesmo que dar a ele um manual dizendo exatamente como explorar suas fraquezas."

Pergunta número 3: Quais são os sinais de que uma mulher está perdendo tempo?

1. "Quando ela tem aquele sentimento perturbador e constante de que está sendo deixada de lado. Se ele sempre vai

embora cedo, dizendo coisas do tipo 'falo com você mais tarde', isso quer dizer 'eu a chamarei quando chegar a sua vez'. E não se deixe impressionar por aquela enrolação do 'senti tanto a sua falta' que ele diz quando quer apenas fazer sexo. Um homem não passa uma semana inteira afastado da mulher com quem se sente comprometido."

2. "Se ele fica com você só uma hora por semana, é uma relação casual. Isso fica bastante claro quando vocês não vão ao cinema, não se encontram com os amigos dele, não jantam juntos, e ainda quando ele não telefona e se justifica: 'Não sou do tipo que gosta de falar ao telefone.' Com a mulher que ele ama, os contatos são constantes. Um homem raramente desmarca encontros com a mulher por quem está apaixonado."
3. "O que muitos homens fazem é dizer que estão ocupadíssimos no trabalho. Mas trabalho nunca é empecilho para um homem estar ao lado da mulher com quem deseja compartilhar a vida pessoal. Se ele realmente quer estar com essa mulher, o tempo livre aparece como em um passe de mágica."
4. "Se um homem estiver realmente ocupado, ele será bastante específico sobre quando vai lhe telefonar: 'Estou muito ocupado agora, mas ligo de volta daqui a uma hora.' Ele especificará o tempo, e se houver qualquer problema, ligará para avisar. Mas, se ele diz um vago 'ligo depois', sem mencionar quando, isso é sinal de desrespeito."
5. "Quando repete muitas vezes que o celular ficou sem bateria, que onde ele está não tem sinal, ou que esqueceu o aparelho no carro ou no escritório, ele não está sendo honesto com você."
6. "Se vocês estão juntos há mais de dois anos e ele ainda não lhe deu a chave do apartamento, nem a apresentou a nin-

guém da família dele, tampouco falou em morarem juntos ou em casamento, o relacionamento não está progredindo porque ele não quer."

7. "Muitos homens mantêm as mulheres numa 'lista de reserva'. Se souber que você está sempre disponível, ele irá pensar: 'Já que ela me quer, vou colocá-la na lista de reserva e ver quem mais anda por aí.' Nunca o deixe *seguro demais*. Ele precisa se preocupar achando que não vai estar disponível."
8. "Se um homem diz 'Vamos manter as coisas como estão', ele está dizendo que não enxerga um casamento no horizonte."
9. "É por meio das pequenas coisas que o homem faz, ou da forma como ele age quando está ao lado da mulher, que ela percebe se o relacionamento é baseado em respeito e intimidade. Ele a leva até o carro? Ele a busca de carro na porta de casa, mesmo que tenha de dar voltas? Ou costuma parar na calçada e buzinar? E tem mais: em hipótese alguma dirija até a casa dele tarde da noite. É um esforço inglório."
10. "O que muitos homens fazem é dar o golpe de 'visitar a joalheria', examinar várias alianças e não comprar nenhuma. Ou dar uma olhada em uma revista sobre casamentos e comentar: 'Você seria uma noiva mais bonita que qualquer uma dessas.' E acrescentar que está esperando uma promoção ou um aumento de salário para poder assumir um compromisso."

PRINCÍPIO DO DESEJO Nº 80

Quando um homem realmente acha que você pode ser "a mulher da vida dele", fala muito pouco sobre casamento. É mais reservado e se abre aos poucos, no decorrer de vários meses, pois tem medo de assustá-la.

Você deve considerar seu amigo, apenas uma companhia para o cinema, o homem que lhe disser algo do tipo: "Casamento é uma coisa antiquada. É só um pedaço de papel. Não é realmente necessário. Tenho amigos que têm filhos e nunca se casaram. Quem precisa de casamento?" E nesse caso, esteja aberta para outras possibilidades.

Pergunta número 4: Que segredos os homens guardam com relação ao sexo?

1. "Não acredite em tudo o que um homem lhe diz, especialmente na cama. Um cara que conheço disse a uma garota, enquanto faziam sexo: "Meu amor, é assim que um homem se sente quando faz amor com sua futura esposa. Você é meu sonho. Você é minha sombra. Veja o que você provoca em mim.' Foi a coisa mais doentia que já ouvi na vida. Nenhum homem diz pela primeira vez a uma mulher que a ama e que quer se casar com ela durante o sexo. Se ela ouvir 'acho que amo você' quando estiverem transando pela primeira vez, deve interromper ali mesmo. O sujeito com ela na cama é um tremendo cara de pau."
2. "O que leva os homens a assistir a seriados do tipo *Sex and the city* é a vontade de aprender sobre as mulheres. Eles se preocupam: 'Será que minha namorada, no fundo, é assim?' E se assustam ao perceberem que as mulheres são fixadas nesses programas. Queremos acreditar que elas se deixam fascinar por algo tão decadente por serem inocentes demais."
3. "Nunca discuta seu passado sexual – nem a falta dele. Um homem não quer pensar em outro cara dando uns amassos na namorada dele nem em cima dela, na cama. Sempre que uma mulher tenta convencer um homem de que

é uma 'boa moça', há noventa por cento de chance de que o oposto seja verdade, por isso qualquer coisa que ela diga dará a impressão de que na realidade ela está se sentindo culpada. Ele irá achar que durante o ensino médio ela foi para a cama com todo o time de futebol."

4. "Se uma mulher lhe faz um boquete fantástico na primeira vez em que estão juntos, ele pensa: 'Onde será que ela aprendeu isso?' Se ela age como uma profissional, deve ser mesmo.'"
5. "Se você logo dorme com um homem, é provável que ele não fique muito tempo por perto. E você certamente não *ficará orgulhosa de si mesma* se for tratada como uma mulher para uma única noite. Você sabe que não é para ser assim."
6. "Os homens não contam às mulheres que metade do que elas veem em pornografia é bastante exagerado. Se durante a transa uma mulher grita 'Me dê tudo, gostosão', eu logo penso que ela deve ter tido um passado agitado."
7. "Muitas mulheres acham que a conversa depois do sexo consiste em confissões envoltas em autopiedade, sem imaginar que naquele momento você não quer saber se ela se sente desvalorizada e espera que você vá fazê-la se sentir confiante. Tive uma namorada que disse: 'Queria que minhas pernas fossem mais longas do joelho ao tornozelo. E odeio meus quadris, porque são muito largos.' Isso revela ao cara que ela tem baixa autoestima e que pode ser facilmente enganada."
8. "Às vezes um homem telefona tarde para uma mulher e diz que quer fazer sexo com ela. Se a resposta não for 'É claro, venha para cá', é bem provável que ele fique com raiva. Mas, no dia seguinte, seu interesse terá aumentado, porque ela não é uma idiota e não cede aos caprichos masculinos."

9. "Quando um homem está na cama com uma mulher, se ele estiver realmente excitado e não quiser atingir o clímax tão rapidamente, começa a pensar em coisas como esportes, estar em um vestiário cheio de homens suados depois de uma partida de futebol, trabalho de jardinagem e a pia vazando na cozinha... Qualquer coisa que desvie sua mente daquele momento. Ele não está a fim de receber o título de 'homem dos cinco minutos'."
10. "Não compreendo o apelo das roupas de menininha. Se uma mulher faz duas trancinhas no cabelo aos 39 anos, e tem uma cadelinha chamada Binky, que ela veste com um suéter rosa e uma coleira de strass, isso não me deixa no clima. Se um cara curte essa história de menina malvada, não deve ser deixado com crianças, a não ser que seja sob supervisão."

Muitos dos entrevistados confessaram que, embora o lado "gratificação instantânea" que eles trazem dentro de si queira fazer sexo no primeiro encontro, se realmente desejam um relacionamento duradouro, eles preferem esperar. O homem anseia por aquela mulher especial, alguém de quem possa se orgulhar. Se o primeiro encontro acabar na cama, ele não verá em você essa mulher. Além disso, quando ele lhe diz todas as coisas que *acha* que você quer ouvir e você se mostra pouco impressionada ou indiferente, ele aprende a tentar conquistá-la usando mais honestidade e inteligência.

Pergunta número 5: Por que os homens testam as mulheres? Essa é uma atitude premeditada?

1. "Sim, é consciente. Os homens testam as mulheres porque acreditam que é importante conhecer sob todos os ângulos

a pessoa com quem acham que poderão passar o resto da vida. Queremos saber se ela é equilibrada e tem afinidades conosco."

2. "A maioria das mulheres é emocional demais. É por isso que os homens fazem para elas um resumo de todas as ex-namoradas. Enquanto algumas são chamadas apenas de escandalosas, outras são rotuladas de psicopatas (também conhecidas como esquizofrênicas). Quase todos os homens têm em seu repertório uma história trágica de mulheres que perderam a cabeça, deram um ataque e assim por diante. Fique sabendo: ele a está testando para ver sua reação."
3. "Os homens observam a reação da companheira quando outra mulher aparece: qualquer partícula de ciúme ficará estampada em seu rosto. Tudo o que ele precisa fazer é elogiar o vestido da tal mulher, dizer que ela tem cabelos bonitos, ou um andar elegante. Ele sabe que bastará isso para acender o pavio da namorada e deixá-la cheia de raiva. A verdade é que ele não está nem aí para a outra mulher. Pode parecer infantil, mas a provocação é apenas para se certificar de que a namorada gosta dele."
4. "Suponhamos que você tenha afirmado que não admite falta de pontualidade. Isso fica gravado no banco de memória do homem. Se ele quiser testá-la, chegará uma hora atrasado, com uma boa desculpa. Se você reclamar agressivamente, ele deixará de ver em você uma futura esposa. Reaja com calma: 'Eu estava um pouco preocupada com você, mas fico feliz que tenha chegado. Na próxima vez, ligue para avisar que vai se atrasar.' Isso demonstrará que você tem classe e elegância e, sobretudo, que é alguém com quem ele pode dialogar. E esse é o tipo de mulher com quem ele pensa em se casar."

5. "Não pergunte: 'Eu fico gorda com essa calça?' O homem pode responder: 'Não muito, mas pare de tomar tanto sorvete.' Ele na verdade está procurando mantê-la insegura, para que você se esforce mais para agradá-lo. Muitos homens fazem observações dúbias para manipular a mulher. Se ela demonstra uma necessidade constante de ser elogiada, ele vê nisso um traço de insegurança."
6. "A maneira como uma mulher trata um homem quando ele faz uma besteira é muito importante para a relação. Quase todo homem tem consciência das próprias burradas. Se eu fizer algo errado e minha mulher simplesmente me chamar a atenção procurando me ajudar, ela ganha meu respeito. Essa é uma qualidade que os homens consideram muito atraente."
7. "Quando um sujeito está apaixonado, ele não sai para beber ou pescar com os amigos com a mesma frequência que fazia antes. Mas ainda desejará esses divertimentos de vez em quando. Ele sabe que frequentar um bar no qual mulheres dancem nuas é desrespeitoso para com a parceira. Mas, se ele quiser ir a uma partida de futebol, seja solidária, e até o acompanhe. Você acabará descobrindo que pode ser muito interessante. Dessa maneira, ele achará que será divertido se casar com você e que não terá motivo para sentir saudade dos pequenos prazeres da vida."
8. "Uma mulher não pode explodir e ter crises emocionais com muita frequência. Aos poucos, o homem perde o respeito por ela, principalmente se isso acontecer diante dos filhos. A pior coisa que uma mulher pode fazer é bater o pé como se fosse criança. É a melhor receita para acabar com a relação."
9. "É extremamente importante para um homem manter o amor e o desejo pela mulher. Se há dramas constantes, a

atração dele vai se apagando aos poucos. Sempre que a mulher é moderada, forte e racional, o homem tem vontade de lhe oferecer o mundo."

10. "Você precisa se interessar de verdade por aquilo que ele tem a dizer. Quando sente que realmente está sendo ouvido e compreendido, o homem começa a desejar que o relacionamento dê certo. Ele precisa sentir que você não o julga de maneira precipitada e que está disposta a ouvi-lo, a reagir, e até mesmo a discordar com tranquilidade, estando aberta para mudar de opinião. Mas é claro que estou falando do homem de qualidade. Só mesmo as muito boazinhas se dispõem a ouvir – ou fingir que estão ouvindo – um monte de baboseiras. Pura perda de tempo!"

Agora que você ouviu algumas verdades diretamente da fonte, lembre-se de não se desesperar por qualquer besteira. Na grande maioria das vezes o homem não está fazendo nada por maldade. É como uma criança pequena que quer chamar a atenção da mãe.

PRINCÍPIO DO DESEJO Nº 81

Quanto maior for seu autocontrole, maior será seu poder sobre o coração masculino.

Uma pessoa que possui autocontrole é capaz de se levantar e ir embora quando se sente desrespeitada. Os homens sabem disso por instinto, motivo por que sua atitude o faz tratá-la com mais consideração. A mulher poderosa pensa e age da seguinte forma: "Quero ser alegre, amável e positiva, mas não aceito que me desrespeitem. Sei quem sou e qual é meu valor, não dependo da opinião alheia para formar minha consciência. Desejo dizer minha verdade e ouvir a do outro com atenção, discordando serenamente, se for o caso." Essa é a postura que a fortalece e a torna confiante e atraente aos olhos de todos, não só dos homens.

Pergunta número 6: Quais são os medos secretos dos homens?

1. "O homem tem medo de ficar preso à mulher errada, a alguém que o faça infeliz. Teme que ela passe a reclamar de tudo, como a mãe e a avó dele faziam. Ele não tem medo de uma ou duas rugas. Tem medo é de que ela se transforme em alguém que um dia ele não reconheça e de quem queira se ver livre."
2. "Um homem tem medo de ter que competir com um vibrador. Se você usar o aparelho na frente dele e o serviço for melhor e mais rápido, ele perderá o desejo, pois sabe que não poderá competir com o 'rival'."
3. "Os homens têm medo de demonstrar fraqueza. Se eu tenho um péssimo dia, posso não estar disposto a conversar sobre 'sentimentos' com minha parceira. Posso até me afastar, porque não quero descontar nela. Como homem, quero ser forte para a mulher que amo."
4. "Ele tem medo de deixar a mulher dirigir seu carro, pois para ele o carro é um símbolo de poder. Sem exceções. A mulher é capaz de abrir a porta do veículo na direção da calçada e bater em uma banca de revistas. Mas, se ele realmente a ama e tem um mínimo de confiança em sua capacidade de direção, ele a deixa dirigir. Uma ou duas vezes. É um gesto altamente significativo. É sinal de que ele confia nela e de que a valoriza mais que o carro."
5. "Os homens têm medo de perder o status, bem como o controle emocional. É por isso que eles gostam de

se encontrar; nessas ocasiões batem papo e se sentem machos. Quando tomam umas cervejas com os amigos, os problemas tendem a desaparecer. É o motivo de os homens preferirem as cadeiras de um bar ao divã de um analista."

6. "O maior medo de um homem é que sua mulher o traia. A maioria teme que isso aconteça, principalmente se o casal tem filhos. Essas ideias sempre passam pela cabeça masculina. O homem sabe que, se uma traição acontecer, terá de pesar o bem-estar emocional dos filhos *versus* o próprio bem-estar emocional. É o tipo de situação capaz de destruir vidas."
7. "Eu morro de medo de ter filhos burros. Foi por isso que não me casei com uma ex-namorada, que não era brilhante. Ninguém quer uma mulher medíocre, uma pessoa sem vida e sem luz."
8. "Os homens querem uma esposa bonita, mas têm medo de ser julgados de acordo com os mesmos padrões. Eles não são capazes de lidar com uma situação na qual, sendo loucos por uma mulher, ela os analise segundo os critérios masculinos. Se a esposa lhe diz 'Você está com uma barriguinha, e já não tenho tanta atração por você', ele se sente ameaçado e corre para a academia."
9. "O homem teme ser explorado ou feito de palhaço, de bobo. Quando isso acontece, ele se sente desvalorizado. E aí o ressentimento começa a crescer e ele passa a acreditar que nenhuma mulher é digna de confiança."
10. "Os homens temem o divórcio, pois os tribunais favorecem as mulheres. E, se você tiver filhos, está ferrado."

A pressão para ser "viril" influencia a maneira como o homem encara um relacionamento. Lembre-se de que os homens têm sentimentos iguais aos das mulheres – o que muda é o estilo. Não importa quanto pareçam insensíveis, eles também são vulneráveis, também se sentem oprimidos. Têm muita necessidade de reconhecimento e não costumam confessar as próprias fraquezas. Quando ficam mobilizados, dizem: "Está tudo bem." Mesmo que, por dentro, estejam sofrendo.

PRINCÍPIO DO DESEJO Nº 82

Quando um homem gosta de verdade de uma mulher, ele se sente vulnerável. E é nesse momento que, por precisar de um escudo protetor, ele se comporta com mais frieza.

PERGUNTA NÚMERO 7: QUAL É A MELHOR MANEIRA DE UMA MULHER REACENDER O INTERESSE DE UM HOMEM, SE ELE COMEÇAR A ESFRIAR?

1. "Ela não deve nem tentar."
2. "Se o cara mudar a maneira como se comporta rotineiramente, a mulher deve parar de telefonar. Deve se afastar, para que ele pense que ela perdeu o interesse. Sobretudo, deve parar de ir para a cama com o sujeito. É preciso que o homem pense: 'Espere aí: a essa hora, ela já deveria ter me ligado.'"
3. "É como diz aquele velho ditado: 'Você não sente falta da água até o poço secar.' Corte o abastecimento de água sem dar nenhuma explicação. O melhor que uma mulher pode fazer é interromper os contatos sem aviso prévio e deixar que ele a procure ansiosamente."
4. "Se o homem tem o hábito de chegar cambaleante às três da manhã, não esteja em casa quando ele voltar. Vá dormir na casa de uma amiga. Essa atitude funciona como um alerta instantâneo."

5. "Um cara que eu conheço ia todos os dias beber com os amigos depois do trabalho. Ficava esperando a namorada telefonar e implorar: 'Venha para casa! A que horas você vai chegar?' Até o dia em que ela não ligou. Ele telefonou, e ninguém atendeu. Ele se levantou e saiu correndo para ver onde ela estava. De repente, voltar para casa se tornou interessante. No entanto, quando ela ficava esperando, ele achava um tédio."
6. "Namorei uma garota que me dizia: 'Ligo daqui a cinco minutos. Estou no meio de um trabalho.' Mas não ligava. Foi aí que percebi que tinha medo de perdê-la, e então passei a redobrar meus cuidados com ela."
7. "Para reacender o interesse de um homem, vá passar o fim de semana com suas amigas. Diga a ele que irá viajar e não telefone enquanto estiver fora."
8. "Ela pode dizer com firmeza e serenidade: 'Olhe, se eu estiver tomando seu tempo e você não quiser ficar aqui, tudo bem. Posso encontrar outra pessoa que me faça companhia.' Ao fazer isso, a mulher demonstra que está consciente do que está acontecendo e que não aceita nenhum tipo de desrespeito. Isso faz o homem ficar mais alerta."
9. "A mulher precisa ter interesses pessoais, e não fazer exclusivamente o que o homem quer. Deve se ocupar com outras atividades, conviver com os amigos, para que ele saiba que ela tem vida própria e não depende só dele."
10. "Não seja como um cachorrinho à espera do dono na porta de casa. O animal espera porque, para ele, a chegada do dono é o grande momento do dia. Se você agir assim, irá se tornar totalmente desinteressante. Mas, se sempre explorar novos caminhos, e o parceiro puder vê-la crescer com independência, ele irá respeitá-la. Nada pode ser

mais atraente que uma mulher que tem paixão pela própria vida e que faz novas descobertas. Ele se esforçará para ser parte disso e para ser também uma pessoa interessante aos olhos dela."

PRINCÍPIO DO DESEJO Nº 83

Toda vez que o tédio se instalar, simplesmente quebre a rotina. Assim que a situação muda, o interesse masculino aumenta...

... e o relacionamento volta a ser gratificante.

Pergunta número 8: como uma mulher pode saber se um homem está realmente apaixonado e pensando em ficar com ela para sempre?

1. "Ele inventa coisas para fazer pensando nos dois, em vez de pensar unicamente em si mesmo. Ele começa a fazer escolhas de vida importantes, tendo em mente a namorada: onde morar, que tipo de casa comprar e que viagens planejar. Quando sai sozinho é para ver os amigos ou jogar sinuca de vez em quando. Ela é a pessoa com quem ele mais gosta de passar o tempo. E se tiver uma semana de férias, ele fará planos para passá-la ao lado dela."
2. "O interesse do homem é consistente. Quando ele pensa em ter um relacionamento firme, não há interrupções de contato. Ele não dedica a você um tempo esporádico nem a procura apenas de vez em quando. Por outro lado, se tudo o mais vem antes de você e seu namorado começa a dizer 'A irmã do sogro do irmão do meu primo em segundo grau precisa que eu fique com os filhos dela, por isso não

posso vê-la nesse fim de semana', ele não a ama. Quando um cara gosta de uma mulher, ela se torna prioridade em sua vida, e ele deseja compartilhar com ela tudo o que é importante."

3. "Ele fica atento a todas as coisas que têm relação com a mulher. Quando um homem se preocupa com você, ele fica muito mais alerta e deseja lhe agradar de todas as maneiras. Você sempre poderá lhe pedir um favor. Ele adivinha suas necessidades e procura atender a todas elas. Você ocupa não só um espaço físico na vida desse homem, mas também na sua mente e nos seus pensamentos, e percebe claramente quanto ele se sente feliz ao seu lado."
4. "Ele não precisa dar desculpas. Nunca há conversas do tipo 'eu amo você, mas não estou *apaixonado*'. Quando um homem que ama uma mulher teve um dia ruim, ele deseja, mais que nunca, estar com ela para compartilhar seus problemas e buscar apoio."
5. "Se ele realmente gosta de conversar com você no fim do dia, esse é um excelente sinal. Quando um homem ama, ele telefona quase todos os dias durante a semana, não apenas nos fins de semana. Quando vocês saem para jantar, nunca ficam sem assunto."
6. "Ele não a convida para sair dizendo: 'Fique à vontade se houver qualquer dificuldade. Ligue quando puder.' Ele marca um encontro porque você é especial, o que o faz pensar: 'Preciso fortalecer essa relação.' Então você sabe que se tornou importante – que não é apenas mais uma aventura."
7. "Ele a apoia, mesmo quando você está errada, nunca deixa que os amigos dele a desmereçam e a protege. Você se sente a prioridade da vida dele."
8. "Ele lhe dá acesso total à vida dele. Seis meses depois do início do namoro, você continua a receber a mesma aten-

ção. Em determinado momento, ele até permite que você atenda ao telefone dele. Ele a convida para participar de quase tudo o que faz."

9. "Quando está louco por uma mulher, o homem dedica a ela todo o tempo disponível. Ele faz coisas para ela, é atencioso, deseja contentá-la, tenta alegrá-la quando ela está triste, e aprecia cada instante que estão juntos, porque ela é a pessoa mais importante da vida dele."
10. "Ele a pede em casamento."

Acima de tudo, ele *a respeita como mulher*. Quando um homem a ama, ele nunca se refere a você como "aquela mina" ou "aquela garota". Ele se refere a você como sua mulher, sua namorada, sua esposa ou sua noiva. Ele se refere a você *com respeito*, porque a vê como a mulher dos sonhos dele.

7

PERGUNTAS E RESPOSTAS – CARTAS DAS LEITORAS

PERGUNTAS FREQUENTES

Nunca permita que uma pessoa seja prioridade para você, se você for apenas uma opção para essa pessoa.

– NINA POTTS-JEFFERIES

LOUCAMENTE APAIXONADA

Sempre ouço os homens dizerem que todas as mulheres são loucas ou emocionalmente instáveis. Alguns chegam a classificá-las em diferentes categorias. Na cabeça deles, as mulheres variam de ligeiramente irracionais a totalmente psicóticas. Os homens costumam se reunir para jogar bola, beber cerveja e trocar confidências sobre a saúde mental das mulheres. "Conheci uma moça que parece controlar bem seus hormônios." Existe sempre uma ex-namorada de quem ele fala.

Você sabe, aquela que causou a ruína do relacionamento – é claro que ele nunca teve nada a ver com aquilo. Ele era um anjo, e eis que, um dia, acorda ao lado de uma mulher possuída pelo demônio.

Talvez seja por isso que as mulheres se culpem por tudo. Já perdi a conta das vezes em que as ouvi afirmar: "Sempre estrago meus relacionamentos. Deve haver alguma coisa errada comigo." Elas recebem do namorado esse diagnóstico emocional e logo começam a duvidar de si mesmas. "Ele diz que estou agindo como uma louca. Sinto que sou mesmo um pouco desequilibrada." Em seguida, ela pega um chicote e se flagela. Várias vezes.

É importante lembrar que casamento é para sempre. O namoro não é um período em que esperamos receber um selo de qualidade. É hora de você analisar com quem está se casando e saber se ele é um homem que vale a pena.

PRINCÍPIO DO DESEJO Nº 84

Quando sabe rir de si mesma e não leva as críticas para o lado pessoal, a mulher se mostra mais estável.

Este capítulo é dedicado a ajudar a mulher que é boazinha com todos – menos consigo mesma. Essa mulher acredita que tudo de ruim que acontece *é culpa dela*. Para ajudá-la a controlar as próprias emoções, é bom saber o que outras mulheres estão vivenciando. A descrição deste relacionamento pode lhe soar familiar:

Querida Sherry:

No começo, Greg corria atrás de mim e me dizia coisas românticas. Ele me disse que queria casar-se de novo nas Ilhas Fiji. Durante um jantar, ele acariciou minha mão esquerda e perguntou: "Que tipo de joia você prefere, ouro amarelo, ouro branco ou platina? Um mês se passou e de repente ele não se lembrava de nada que tinha dito [uma forma comum de "amnésia masculina", cujos sintomas incluem esquecer tudo o que foi falado antes do sexo]. Isso me deixou confusa. Eu não revelei meus objetivos e segui seus conselhos. Como ele conseguiu me manipular?

Atenciosamente,

Robin

Essa é uma boa pergunta, pois a questão não está apenas naquilo que você diz, mas na sua maneira de agir. Digamos que você não mencione casamento, filhos, um futuro juntos e felizes para sempre. Em vez disso, ele diz algo que possa deixá-la feliz. Se o homem percebe que seus olhos se arregalam e seu rosto se ilumina toda vez que ele fala em casamento, um lar, filhos ou o futuro dele ao seu lado, não faz diferença quem tocou no assunto. Isso não pode ficar tão visível. Os homens percebem o desejo feminino de que eles assumam um compromisso. São como tubarões sentindo o cheiro de um filhote de foca com uma nadadeira quebrada, sangrando no mar. Os tubarões podem farejar uma gota de sangue a oito quilômetros de distância.

Vamos voltar àquele começo "romântico e maravilhoso", pois foi ali que ocorreu um erro de comunicação. Você precisa entender que, no início, quando um homem conhece uma mulher, a maioria deles a vê como um brinquedo sexual. Com o passar do tempo, podem se apaixonar, mas isso acontece *mais tarde*. No princípio, a estratégia tem um só objetivo: levar a mulher para a cama. O homem é uma criatura de sangue quente e um bocado de testosterona. E os *hormônios masculinos* provocam nele três emoções:

- Mau humor
- Fome
- Excitação

Não necessariamente nessa ordem.

Por isso é quase certo que qualquer coisa que ele diga no início só tenha um objetivo: fazer sexo com você. Ele a leva para jantar em um restaurante especial, abre a porta do carro para você e lhe diz que está em busca de um relacionamento sério e que você tem todas as qualidades que as outras não têm. Isso é só papo de vendedor.

As mulheres dizem: "Eu me recuso a ir para a cama com um cara que não esteja interessado em um relacionamento sério." Ele sabe que usar frases sobre "amor e compromisso" equivale a uma passagem de ida para o quarto. Um rapaz chamado Bradley explicou: "Os homens falam pouco, mas as mulheres se 'agarram às suas palavras'. O cara pode estar apenas expressando uma simples opinião, mas ela logo acha que seus sonhos se tornaram realidade."

PRINCÍPIO DO DESEJO Nº 85

Os homens não acreditam que estão enganando as mulheres. Eles acreditam que elas enganam a si mesmas.

Quando a decepciona, ele não se sente culpado. Ele racionaliza: "Ela não está chateada comigo. Está chateada porque seu plano não está funcionando." Agora, isso não significa que ele não goste de você, que não a adore, e que não ache você a garota mais sensual do mundo. O que quer dizer é que, para conseguir sexo, os homens enganam as mulheres porque sabem quanto elas desejam um envolvimento duradouro. Portanto, não acredite em nada do que ele lhe disser no começo. Sua função é manter acesa a curiosidade dele e fazê-lo apegar-se a você. E depois que ele se apegar? É aí que as negociações podem ter início.

Uma insinuação de indiferença atua como um gatilho e fisga o homem

Há várias maneiras de conquistar um relacionamento, mas ir logo para a cama com um sujeito e anunciar que você deseja um "compromisso" não é a estratégia mais eficaz. Em vez disso, você precisa surpreendê-lo. Como? Mantendo o controle de suas emoções. Por quê? Porque ele *não* está acostumado com isso.

No começo, você só precisa de uma *insinuação de indiferença.* Se um homem não sabe quem você é (completamente) e não tem certeza do que você deseja, ele a respeita mais e a trata com mais consideração. Isso o conquista, porque ele fica sem a "vantagem" que costuma ter.

Veja como fazer isso: você precisa ser capaz de beijar e abraçar um homem e, ao mesmo tempo, *manter-se emocionalmente a três metros de distância.* Mesmo que esteja sentada no colo dele, seu coração precisa estar protegido. Você pode ser ardente e afetuosa, mas pare de dizer a si mesma: "Encontrei o amor da minha vida!" E pare de fantasiar: "Ele é diferente. Ele desperta em mim algo que nunca senti." Em vez disso, racionalize: "Quero saber mais sobre ele. Estou achando esse relacionamento bom, mas, se não der certo, ele não é o último biscoito do pacote."

Muitas mulheres já começam apostando alto, pois demonstram que se importam *demais*, cedo *demais*. Ou, como um homem chamado Connor me explicou: "Quando conheço uma mulher e saio com ela algumas vezes, fico me perguntando: 'Quem está no controle? Ela, ou as emoções dela?'"

Se forem suas emoções que estiverem no controle, você estará à mercê do sujeito. Os homens aprendem bem cedo que demonstrar emoções em excesso é o mesmo que demonstrar fraqueza. Eles respeitam as mulheres que se mostram fortes. Portanto, você precisa ficar atenta e demonstrar menos suas emoções.

Logo:

FÓRMULA PARA O FRACASSO

Falta de controle emocional = desespero para não perdê-lo = vida mansa para ele.

Por outro lado:

PRINCÍPIO DO DESEJO Nº 86

Quando você tem disciplina emocional e autocontrole, domina também a forma como é tratada e quanto é repeitada.

Lembro-me de uma conversa que tive com minha mãe, quando eu estava na faculdade. Eu estava naquela idade em que achava que sabia tudo e que minha mãe não sabia nada. Quando eu dizia algo que ela achava ridículo, minha mãe dava uma risadinha maliciosa e balançava a cabeça, pensando em como me dizer aquilo que achava que eu precisava ouvir. Depois de uns dez minutos, eu perguntava: "O que é tão engraçado?" Então, ela me revelava a grande lição.

Um dia, comecei a reclamar de um sujeito com quem eu havia saído apenas duas vezes e de quem eu nem gostava muito. Expliquei que ele não me "respeitava". Minha mãe começou a rir daquele jeito malicioso e a balançar a cabeça. Quando, finalmente, perguntei do que ela estava achando graça, ela respondeu: "Se está esperando que alguém a respeite, saiba que será uma *looooooonga espera.*" Então, ela me disse para refletir sobre o assunto, enquanto assistia ao seu programa de TV favorito.

Meia hora depois, quando o programa terminou, perguntei a ela: "Mamãe, por que será uma *looooooooonga espera?*" Ela respondeu: "Você nunca pode permitir que outra pessoa decida como você se sente em relação a si mesma. Você quer respeito? *Respeite a si mesma.*" Nesse momento, eu já ia alegar que eu me respeitava, sim, mas ela me interrompeu: "Não respeita, não. Porque, se respeitasse, não se cercaria de pessoas que não demonstram respeito por você."

A lição que aprendi ainda jovem foi: de quem é a responsabilidade por uma mulher ser tratada com respeito? Nós vamos dar ao homem o poder de fazer essa escolha? Ou vamos, nós mesmas, assumir essa responsabilidade? Esse momento decisivo inspirou o princípio que se segue.

PRINCÍPIO DO DESEJO Nº 87

Se uma pessoa não demonstra respeito por você, não perca nem mais um segundo do seu tempo ao lado dela.

Você não ganha nada com isso. Muitas mulheres se sentem culpadas quando alguém as desrespeita. Aprendi que, em noventa por cento dos casos, isso não tem nada a ver com a pessoa que se sente desrespeitada. Quem se valoriza e tem bom caráter, trata bem os outros. Quem tem baixa autoestima e um caráter fraco, trata mal. É um comportamento que revela tudo sobre essas pessoas, não sobre você. Leo Buscaglia disse: "Somente os fracos são cruéis. Só se pode esperar gentileza dos fortes." E uma pessoa fraca não deveria afetar seu sentimento a respeito de si mesma.

Quando você aplica os princípios deste livro, o objetivo não é ser fria ou cruel. Fato: os homens gostam de ser curiosos; eles gostam de um pouco de suspense; não há nada cruel ou mesquinho nisso. Se eles não souberem de onde você vem e nem sempre estiverem certos do que você vai fazer em seguida, maior respeito eles terão por você. E isso abre caminhos para ele se apegar e se apaixonar por você.

PRINCÍPIO DO DESEJO Nº 88

Quando a mulher não tolera ser desrespeitada e sabe se controlar, o homem não tenta "condicioná-la" a receber menos respeito do que merece.

Vamos comparar:

INTENSIDADE EMOCIONAL...	UMA INSINUAÇÃO DE INDIFERENÇA...
Se ele perceber que você foi cem por cento fisgada no primeiro mês... ...irá pensar que tem o controle total. Isso fará com que ele perca o interesse, e passe a querer vê-la com menos frequência. Ele começará a testá-la para saber até que ponto você irá aguentar, convencido de que bastará uma palavra amável para que seja perdoado.	Se sentir que você é curiosa, que deseja aprender mais e que não está seguindo o padrão da maioria das mulheres... ...ele irá se surpreender. "Uau! Por que ela não está entrando no meu jogo?" E começará a enxergar em você uma mulher de verdade – não apenas um brinquedo sexual. Ele perceberá que você é "especial" e isso o manterá interessado.

Os homens julgam as mulheres e tentam entendê-las. O homem quer saber se você vive em um mundo de contos de fadas e quer virar uma "princesa", ou se é uma pessoa independente e equilibrada, que tem objetivos próprios. Nesse caso, ele a respeita mais e a trata com mais consideração, o que abre caminhos para que ele se apegue a você.

Quando um homem observa que você mantém certa independência, isso o prende. Ele é fisgado quando a mulher se torna um desafio mental: "Preciso ser um homem melhor para conquistar e cultivar o amor dessa mulher." É assim que você conquista a atenção que merece.

O mais importante é quebrar o padrão daquilo que ele está acostumado a ver.

E o que ele está acostumado a ver é a mulher fazendo qualquer coisa para conseguir um relacionamento sério.

Algumas mulheres tentam comunicar a sua estratégia e abordar essas questões verbalmente. A carta seguinte ilustra como o tiro pode sair pela culatra.

Querida Sherry:

Sou uma mulher independente. Os homens veem isso. E eu deixo claro que quero ser eu mesma. Quero mostrar o que me faz feliz e o que me deixa triste. Quero poder falar sobre qualquer coisa. Você não acha que o homem certo gostaria que eu fosse eu mesma? Sou uma mulher forte. Mas os homens parecem intimidados por essa minha característica.

Poderosa Anônima

Os homens de qualidade não têm medo das mulheres fortes. Michael, um dos entrevistados, explicou: "Homens como eu não temem as mulheres poderosas." E contou a seguinte história:

"Muitas mulheres não se dão conta de que sua maior inimiga é a boca. Se ela se lamenta e reclama demais, não importa se é a mulher mais linda do mundo. [Tradução? Sem controle emocional.] Eu me lembro da primeira vez que saí com uma determinada moça. Fomos nos encontrar com mais dois casais em um restaurante que ficava a quarenta minutos da casa dela. Durante todo o percurso, ela repetia: 'Estou com fome. Quanto tempo ainda falta? Que trânsito infernal!' Reclamou o tempo todo, demonstrando quanto estava incomodada. Antes de chegarmos ao restaurante, eu já tinha decidido que nunca mais sairíamos juntos."

Quanto mais você fala, menos consegue descobrir e conhecer o homem que está ao seu lado. Outra coisa: para o homem, o pior tipo de parceira é aquela que nunca acha que o que ele proporciona – seja lá o que for – é bom o suficiente.

PRINCÍPIO DO DESEJO Nº 90

Como regra geral, não deixe transparecer nem anuncie o que você quer. Uma abertura excessiva reduz o mistério no relacionamento.

Se você não gosta do que vê, deixe para falar quando o assunto for mencionado. Se a resposta dele for inaceitável, vá embora. Mas não fale para um homem que você mal conhece sobre o que a deixa feliz ou o que a aborrece. Se fizer isso, muitos usarão essas informações para manipulá-la. Eles farão o que você quiser só até conseguirem o que desejam. Ou apenas para serem perdoados por alguma atitude errada.

Veja como isso funciona:

Querida Sherry:

Saio com um cara de vez em quando. Estamos nesse vaivém insano há dois anos. Somos muito apaixonados na cama, mas fora dela ele se mostra emocionalmente indisponível e o relacionamento está paralisado. Eu já o deixei milhões de vezes, mas ele corre atrás de mim com e-mails e telefonemas, além de aparecer sem avisar no meu trabalho ou na minha casa. Ele me diz que "dessa vez vai ser diferente" e que "ele vai mudar". Ele me implora para que eu não o abandone e afirma que precisa de mim. Eu o recebo de volta, ele fica bonzinho um ou dois dias, mas logo retoma o jeito egoísta. Eu o amo de verdade, mas essa montanha-russa emocional está me deixando enjoada.

Boazinha Anônima

O homem que ler essa carta irá pensar: "Cara, esse sexo maravilhoso todinho... de graça?" Ele não é "quente e frio" porque é indeciso. Ele é "quente e frio" porque está manipulando você. Vamos definir esse tipo de relacionamento:

PRINCÍPIO DO DESEJO Nº 91

Se o relacionamento fica num vaivém durante o primeiro ano, é sinal de que você está perdendo seu tempo.

E você estará ajudando o sujeito a manipulá-la se pensar: "Ah, se pudéssemos nos reencontrar e fazer sexo, acabaríamos desenvolvendo um relacionamento!" Quando um homem que você conhece há algum tempo só telefona uma vez por semana, o que ele está pensando é: "Oba! Com essa posso ir para a cama uma vez a cada duas semanas!" E tentará achar outra mulher com quem possa transar nos intervalos. O que sempre ouço das mulheres é: "Mas eu quero muito esse homem. Temos uma química espetacular. Como posso aumentar o interesse dele?" Elas se recusam a aceitar o fato de que "esse homem" as está manipulando ou que *essa é a personalidade dele.*

A pergunta que as mulheres repetem com frequência é: "Como faço para não pensar mais nele? Como deixo de me importar tanto com ele?" Se você está fazendo dieta para emagrecer, não pode passar o tempo todo pensando em bolo de chocolate, certo? Isso também se aplica aos relacionamentos. Muitas mulheres ficam com tanto medo de perder um homem que pensam nele o tempo todo. Interromper essa nociva obsessão já resolve noventa por cento do problema, além de aliviar a dor. Quando você deixa de ficar obcecada, os homens percebem a mudança. Você acaba conseguindo o que quer, nem que seja livrar-se dele. E o poder volta para as suas mãos.

Se você deseja controlar suas emoções, precisa controlar seus pensamentos. Como disse Eleanor Roosevelt: "Você precisa fazer aquilo que pensa que não é capaz."

PRINCÍPIO DO DESEJO Nº 92

A melhor chance de alcançar sucesso com determinado homem é não ficar intensamente afeiçoada a ele.

Se estiver no começo de um relacionamento e quiser manter os pés no chão, ou se acabou de se separar e precisa se desapegar, há um exercício que poderá ajudá-la. O segredo é parar completamente de pensar nele – de uma só vez.

Como parar de pensar nele

Sempre que pensar nele, pare.

Conscientemente, substitua o pensamento por outra ideia ou atividade.

O segredo é distrair-se imediatamente.

Faça isso repetidas vezes, sempre que ele invadir sua mente.

Seja criativa. Assista ao seu programa favorito, coma seu prato preferido, vá à academia ou saia para dar um passeio.

Sempre que pensar nele – sem exceção –, vá imediatamente fazer algo que *lhe dê prazer*.

Se estiver no trabalho, tome o café de que mais gosta. Se estiver no carro, coloque um CD que a agrade. Quando as crianças choram, você as distrai com um brinquedo, certo? Você precisa quebrar o círculo de negatividade e se forçar a se concentrar em coisas positivas, que não tenham *nenhuma relação com ele*. Se fizer isso dez vezes por dia, durante alguns dias, você terá quebrado o hábito de ficar obcecada por esse homem. É assim que a dor diminui, e em seguida vai embora, e então você se recupera.

Em O *Paraíso Perdido*, John Milton escreveu: "A mente pode transformar o céu em inferno e o inferno em céu." No segundo capítulo, conversamos sobre como não se mostrar disponível para um homem o tempo todo, ou não sair com ele durante várias noites consecutivas. As leitoras seguem esse conselho, mas estragam tudo porque não param de pensar nele e criam uma dependência nociva.

Para facilitar o desapego, reavalie sempre seu "valor". Se esse homem não estiver lhe dando o que você deseja, pergunte-se se você realmente o quer. Talvez ele seja uma criança mimada em um corpo adulto, e nunca vá amadurecer. Se encontrar um homem desse tipo, não pense que deixou de ser desejável. É preciso levantar-se, sacudir a poeira e dizer: "Ele não é quem eu pensei que fosse. Vou investir minhas energias em outro lugar." Como disse Maya Angelou: "Quando as pessoas lhe mostrarem quem elas são, acredite nelas na *primeira* vez."

PRINCÍPIO DO DESEJO Nº 93

Um homem de valor não pensa: "Como posso me aproveitar?" Ele pensa: "O que posso oferecer?"

Um homem de qualidade deseja manter sua esposa ou namorada feliz – emocionalmente. Isso fortalece seu ego e o deixa realizado: "Eu sou *homem* o *bastante* para agradar à minha mulher!" Isso o faz sentir-se muito feliz. Agora, vamos definir felicidade: felicidade é não receber só restos.

Não se sinta diminuída. O comportamento dele tem muito pouco a ver com você. Muitas pessoas não possuem o equipamento básico para manter um relacionamento e não há nada que se possa fazer para mudar isso. Não se pode pegar um gambá, mergulhá-lo em perfume e esperar que se transforme em um cachorrinho. Com o passar do tempo, o perfume vai evaporar e você ainda terá um gambá nas mãos.

Fique sempre atenta para perceber com quem está lidando. O que você vê é o que vai ter. Ele não vai mudar. Sua carreira talvez mude, suas roupas talvez mudem, suas prioridades talvez mudem e talvez ele mude até de casa. Mas vai continuar a ser o mesmo.

O homem que acha certo lhe oferecer restos não possui o equipamento básico necessário para um bom relacionamento. Outra maneira de explicar isso é comparar essa situação a uma ida ao dentista. Não importa que o profissional seja maravilhoso se o paciente tiver pavor de dentista. Se você se sentir rejeitada por uma pessoa, é provável que o problema não esteja em você.

Todas as pessoas precisam trazer determinado equipamento para a relação.

Qual é o equipamento emocional básico?

- Caráter e decência
- Não abrir mão de seus princípios
- Consideração pelos outros
- Apreço pela gentileza
- Igual capacidade de dar e receber
- Lealdade aos que lhe são leais

Eu me lembro do que disse uma de minhas professoras: "Dê importância às pessoas que a fazem se sentir importante." Se no relacionamento você se sente como uma escrava, pare de se punir. Sofrimento não é recompensa. É você quem deve ter o controle de suas emoções. Quando se sentir algemada e presa, lembre-se de que é você que tem as chaves para abrir essas algemas e a capacidade de retirá-las. Pode ser difícil, mas você consegue – se realmente quiser e se empenhar para que isso aconteça.

Se você está saindo com um homem há vários meses e permite que ele a veja apenas uma vez por semana – para fazer sexo –, está sinalizando que ele pode tirar vantagem da situação. Então não diga que deseja um relacionamento mais profundo. Sexo não é algo que se faça para recompensar alguém ou garantir uma relação. Sexo é algo que você faz com um homem que se importa com você. Se meses se passaram e vocês só se falam de vez em quando, isso não é um relacionamento mais profundo. Mas quer ver como funciona a lógica da boazinha?

"No começo, ele era maravilhoso."
"Eu estraguei tudo."
"Eu preciso... fazer mais... me esforçar mais..."
"... e pegar um pedaço de madeira e bater em mim mesma por me desgastar tanto e por dizer a mim mesma que não sou digna e merecedora."

A vida já é bastante dura. Você não precisa que alguém coloque pedras em seu sapato para piorar a situação. O problema não é sempre seu. Talvez vocês dois não sejam compatíveis. Talvez ele não tenha o equipamento básico – não só com você, mas com *qualquer* mulher.

Portanto, lembre-se: vá devagar para conhecê-lo bem, não se jogue de cabeça. Com um homem de qualidade, se você desacelerar em relação ao que oferece a ele logo de início, terá a possibilidade de ver com que tipo de pessoa está lidando.

Quando você dá um pouco e espera para ver o que recebe em troca, o homem de valor retribui. Se ele esfriar, aja com indiferença e espere o que irá acontecer. Uma mulher pode avaliar quanto um homem gosta dela observando se ele se preocupa com o afastamento e se está agindo de maneira a fazê-la feliz.

Esse é o ponto básico e geral: sua felicidade. E sua saúde. O importante é perceber que *ele se empenha em fazê-la feliz.* Se ele não estiver tentando fazê-la feliz, mande-o de volta para o lugar de onde veio, pois conquistá-lo não irá lhe trazer nenhum benefício. Afinal, sua felicidade, sua alegria e sua "estabilidade emocional" são os critérios fundamentais para saber se vale a pena investir no relacionamento com qualquer homem.

8

DO "TALVEZ" AO "SIM"

COMO TER A DELICADA CONVERSA SOBRE COMPROMISSO E CASAMENTO

Proteja-se para que ninguém passe por cima de você,
nem a governe e muito menos pise. Diga apenas:
"Espere um pouco. Eu mereço tudo, querido."

– MAYA ANGELOU

PULANDO FORA DO CARROSSEL

Em um mundo de sonho, Romeu encontra Julieta. Depois de um ano de um namoro arrebatador, ele aluga um jatinho, leva Julieta para uma ilha particular, coloca-se de joelhos e a pede em casamento. Fogos de artifício iluminam o céu, os planetas se alinham, os pássaros gorjeiam e os dois vivem felizes para sempre.

No mundo real: na maioria das vezes, pedidos de casamento não acontecem como nos filmes. Você pode até receber uma bela aliança ou uma linda declaração de amor eterno, mas nem sempre esses dois acontecimentos vêm juntos. Sentado no sofá, com os olhos presos na tela da TV, o homem talvez lhe diga: "Está bem, está bem. Vamos comprar as alianças, prometo. Só faltam dois minutos para acabar a partida de futebol. Podemos falar sobre isso em outra hora?"

Você já notou como os homens agem de maneira engraçada quando aparece um comercial de joalheria? O motivo que os faz odiar essas propagandas é que eles podem literalmente sentir a tensão que se instala no ar. "*No Dia dos Namorados, mostre que você a ama. Diamantes são eternos.*" Em seguida, o anúncio exibe uma mulher radiante de alegria, enquanto uma música bem cafona toca ao fundo. A noiva e o noivo e suas roupas de casamento e "*Que seu amor dure tanto quanto um diamante.*" Quando o comercial acaba, a namorada está olhando para a própria mão esquerda, com cara emburrada. Como em um desenho animado, um balão imaginário aparece acima de sua cabeça, e nele está escrito: "Onde está a minha aliança?" Enquanto isso, o balão sobre a cabeça dele diz: "Quem foi o imbecil que decidiu interromper o jogo com essa besteira?"

Como a maioria das mulheres não consegue encontrar a linguagem certa para conversar sobre compromisso, este capítulo irá ajudá-la a desenvolver essa importante área do conhecimento. As informações que você está prestes a ler se baseiam nas respostas de vários homens que acabaram de ficar noivos ou que já se casaram. A primeira coisa que todos eles, de forma unânime, disseram foi a seguinte:

PRINCÍPIO DO DESEJO Nº 94

A mulher tem muito mais chances de ficar noiva quando o homem não se sente pressionado a pedi-la em casamento.

Quando se trata de "negociações", a abordagem da poderosa para conseguir um pedido de casamento funciona melhor que as tentativas típicas da boazinha. A poderosa não fica emburrada nem dá indiretas. Tampouco reclama. Durante um ano inteiro, nada disso acontece. Ela sai, se diverte e nem mesmo toca no assunto "compromisso". Por quê? Porque, depois de um ano, ele se sente fortemente apegado a ela. Ele deseja estar ao lado dessa mulher. Ela não significa pressão nem obrigação. Ela é um prêmio pelo qual ele se esforçou, um bem que ele conseguiu conquistar... ou quase. Tudo isso dá a ela grande poder.

A abordagem da poderosa é sutil por dois motivos. Primeiro, ela entende que os homens não são idiotas: seu namorado não precisa ser um gênio para perceber que a maioria das mulheres não consideraria o relacionamento um estrondoso sucesso se os dois passassem anos a fio apenas morando juntos. O segundo motivo que justifica a abordagem sutil da poderosa é que, se um ano já passou, talvez não faça mais sentido perguntar a ele: "Aonde essa relação vai nos levar?" Se ele nunca tocou no assunto, se não a pediu em casamento nem deu sinal de que pretende fazê-lo em breve, fica mais que claro aonde o relacionamento irá levar: a lugar nenhum.

Jeff é recém-casado e explicou: "Eu já tinha morado com uma namorada antes de me casar com minha mulher. Todos os homens sabem que, depois de um ou dois anos, no máximo, a mulher que está com eles sem que haja qualquer definição mais clara perde um pouco de sua dignidade. E, sinceramente, o homem perde o respeito pela mulher, porque ela está se diminuindo, já que sabe que a relação não tem futuro. O homem está tirando vantagem sem abrir mão de nada. Se uma mulher deseja se casar, e o homem passa dois anos se esquivando, ele está se aproveitando dela. Ou sabe que pode manter a relação até ter vontade de pular fora. Se ainda assim ela se dispõe a ficar com ele, o homem pensa: 'É claro que eu não preciso me casar com ela.' E pensa logo em seguida: 'Por que ela está permitindo que eu tire vantagem dela? Tem alguma coisa errada com essa mulher.'"

Em outras palavras, ele começa a perder o respeito. Conclui que ela é ingênua ou que está desesperada. Ela se torna então menos atraente, uma vez que ele sabe que a está usando e ela não está se defendendo.

Em geral, é assim que começa o processo de desvalorização. "Por que preciso valorizá-la e tratá-la com carinho?" Uma suposição ainda mais básica se esconde sob a primeira: "Posso ficar com ela até me cansar. Ou até que alguma coisa melhor apareça. Vou me divertir com ela até sentir saudades da minha vida de solteiro." E esse é, precisamente, o nível de segurança que uma poderosa jamais permite que um homem tenha.

PRINCÍPIO DO DESEJO Nº 95

A poderosa não se permite ficar ao lado de um homem que esteja ganhando tempo até que apareça outra mulher que ele considere melhor que ela.

Tudo isso tem relação direta com o motivo pelo qual os homens se casam com as poderosas. *Uma poderosa tem convicção.* Por mais que se sinta ferida, por mais que tenha medo, ela vai embora quando se sente desrespeitada. E sabe de uma coisa? É por isso que ela consegue o que quer. Quando uma poderosa *sutilmente* estabelece que *não* esperará para sempre, é como qualquer outra negociação. Quando uma pessoa se mostra disposta a sair da loja sem comprar nada, o vendedor tem que apresentar uma oferta melhor.

Dito isso, saiba que você não pode dar ao homem um ultimato. Mas veja o que pode fazer: tenha uma ou duas conversas com ele. A primeira é para informar-se e saber em que terreno está pisando. Se não gostar do que ouvir, na segunda conversa você dá o golpe de misericórdia. Se já faz um ano e você quer definir o nível de relacionamento, diga, de maneira tranquila, algo do tipo:

"*Estamos namorando há um ano. Eu amo você, acho que é maravilhoso, e me sinto muito feliz ao seu lado. Mas gostaria de saber como você vê o futuro do nosso relacionamento.*" (Em seguida, fique em silêncio.)

Quanto menos você falar depois dessa frase, mais poderosa será. Você de fato quer saber o que ele pretende, mas faça a pergunta de um modo que não o ameace. Permaneça tranquila. Por quê? Porque você deseja a verdade, e esse é um direito seu.

Você não quer promessas vazias, e muito menos que ele diga o que imagina que você desejaria ouvir. Você quer uma resposta *verdadeira*. Ouça o que ele tem a dizer, e então faça sua avaliação.

Se ele não lhe der a resposta desejada, e você perceber que ele está evitando o assunto a todo o custo, é hora de começar a se afastar. Diminua expressivamente o tempo de convívio. Encontre-se com ele uma ou duas vezes em um período de duas semanas. Depois, planeje um fim de semana fora com as amigas. Isso sempre os assusta, porque eles não sabem o que suas amigas podem lhe dizer. Se ele perguntar com quem você anda saindo, garanta que não está saindo com ninguém. Mantenha-se ocupada e fora do alcance dele. Sem explicar por quê. *Ele saberá.*

PRINCÍPIO DO DESEJO Nº 96

A poderosa não dá indiretas sobre casamento nem pergunta "Aonde essa relação está nos levando?" Em vez disso, ela dá a entender que está saindo do relacionamento. A palavra *casamento* nem sequer é proferida.

Pode ter certeza de que ele entrará no jogo. Em poucas semanas, é provável que surja outra conversa, porque ele irá perceber a mudança e perguntará: "O que está acontecendo?" Quando ele o fizer, não se mostre triste, nem deprimida, arrasada ou perturbada. Se ele não afirmar que deseja dar um passo à frente no relacionamento, você pode dizer o seguinte:

"Tivemos momentos maravilhosos. Não me arrependo do tempo que passamos juntos. Acho você um sujeito muito bacana. Mas é óbvio que desejamos coisas diferentes, e por isso precisamos tomar uma decisão. Eu amo você, quero que seja feliz, e também quero que encontre o que deseja. Acho que chegou a hora de cada um seguir o próprio caminho."

É nesse momento que você precisa mostrar a ele que é diferente. Nada de dramas no meio da noite. Nada de choro. Nada de culpá-lo. Nada de se fazer de mártir ou de vítima. Não dê a impressão de que você sente que foi iludida. E não tenha mais nenhuma outra conversa com ele. Ninguém está pedindo esmolas.

O motivo pelo qual o silêncio vale ouro nesse momento é que qualquer coisa que você disser depois dará a ele a impressão de que ainda tem como ganhar tempo ou driblá-la. Qualquer choro ou lamento durante uma discussão como essa só servirá para mostrar que você está insegura, o que o levará a achar que não precisa mudar em nada. *Seu choro e lamento dizem a ele que você pode ser manipulada e que ele não precisa levá-la a sério.*

Simplesmente enfatize o que você deseja e se mostre forte e madura. "Não quero que você entre em uma relação para a qual não esteja pronto." O fato de você permanecer calma assusta o homem ainda mais, pois ele sabe que não é uma decisão impulsiva nem histérica. Você está se baseando no que ele tem a lhe oferecer, em quem ele é e no que demonstrou estar disposto a fazer. E você não pretende aceitar a situação porque não se vê como uma desesperada. Isso aumenta seu valor de mercado: "Epa! Tenho que dar a ela um motivo para ficar, ou vou perdê-la." Então, recapitulemos:

- Ele não recebe um ultimato.
- Ele não é pressionado, não ouve um "Case-se comigo, case--se comigo" nem tem a sensação de que está sendo sacrificado.
- Você é madura, aberta, honesta e não está fazendo nenhuma crítica.
- Você não está terminando o relacionamento nem expressando raiva por ele a estar usando, muito menos afirmando que ele estragou tudo.
- Você apenas disse: "Você é divertido e bacana, e eu amo você. Mas, antes que nós dois percamos nosso tempo, precisamos resolver algumas questões."

Não é o que você diz, mas *como age quando vai embora.* Foi isso o que Kate Middleton, a Duquesa de Cambridge, fez quando ela e o marido, o Príncipe William, deram um "tempo" no relacionamento, antes de se casarem. Ela não se mostrou abalada. Foi vista saindo para dançar e se divertindo, mas agiu de forma digna, publicamente. Pouco tempo depois, reataram o namoro e se casaram.

Você precisa se comportar de maneira calma, o que é incomum e mesmo difícil nessas circunstâncias. Então, ele pensa: "Hum. Essa mulher é diferente." E você se torna insubstituível. É tudo questão de personalidade e de saber o próprio valor.

A sociedade ensina os homens a acreditar que as mulheres são o sexo frágil. Quando você se mostra disposta a não abrir mão de seus princípios, embora possa ser doloroso, ele se dá conta de quanto você é desejável. "Espere um pouco. Eu tinha certeza de que ela era minha. Agora, constato que não posso viver sem ela. O que está acontecendo?" Quando você é capaz de se afastar, de se controlar e de demonstrar o que está acontecendo, adivinhe quem fica por cima?

É isso que a maioria dos homens de qualidade procura em uma esposa. Essa é a mulher insuperável com quem ele sonha: uma mulher feminina, que não se deixa levar por emoções e inseguranças. Existe em certas mulheres uma dignidade silenciosa que atrai incrivelmente os homens de valor. Elas não gritam, não berram. A sutileza de sua autoestima e de sua fé em si mesmas é a essência daquilo que faz delas mulheres poderosas.

Jessica e Rick são exemplos perfeitos dessa dinâmica. Eles estavam juntos havia três anos e tinham um ótimo relacionamento. Entretanto, ele não tinha vontade de se casar. Jessica, então, disse: "Se depois de três anos você não sabe se quer se casar comigo, é melhor nos separarmos. Estou indo embora." E interrompeu o contato. Três meses depois, ele telefonou perguntando: "Podemos jantar amanhã? Por favor!" Ela recusou o convite. Ele continuou insistindo, até que, por fim, ela concordou, com certa relutância. Durante o jantar, ele a pediu em casamento.

Se você estiver indo embora e ele perguntar "Nós ainda poderemos nos ver de vez em quando?", responda: "É claro." Mas, todas as vezes que ele quiser vê-la, diga que não pode. Esteja disponível o mínimo possível. Evite-o *sem* parecer que o está fazendo. Ele ficará perdido. É nesse ponto que a solidão e a falta que ele sente de você começam a se instalar.

O que você *não* deve fazer é falar abertamente que está saindo com outros homens. Por quê? Porque não precisa. Ele já ficará paralisado só de pensar em outro homem na cama com a mulher dele. "Outro cara saberá fazer coisas que eu não sei?"

E logo começará a imaginá-la sendo cortejada e acariciada por outro homem (que sabe fazer melhor), o que será suficiente para deixá-lo à beira de um ataque de nervos. Ele dorme com você há um ano e, na cabeça dele, você pertence a ele. A ideia de outro homem é... *inimaginável*. É por isso que você precisa se afastar, para que o *inimaginável* comece a ser *imaginado* o tempo todo... até que ele não consiga mais dormir. É então que o homem se dá conta daquilo que você representa na vida dele, e toma uma decisão.

Todo homem *acha* que quer liberdade, mas só até consegui-la. Nesse momento, a qualidade das mulheres que ele encontra nos bares o faz perceber que ele está correndo o risco de perder algo precioso.

Lembre-se: você quer que ele assuma um compromisso. Então, não comece a ameaçá-lo dizendo-lhe sutilmente que sairá com outros homens, porque isso o fará se sentir com uma espada sobre a cabeça – uma espada que você está segurando: "Faça o que eu mando, senão..." Para alguns homens, essa é uma atitude muito ofensiva. "Se eu não conseguir o que quero e quando quero, vou jogar fora tudo o que vivemos juntos, em um segundo." Isso dá a ele a sensação de que não será possível estabelecer um relacionamento eterno com você.

Jane e Darren estavam namorando havia um ano quando ela lhe deu um ultimato. Duas semanas depois, ele foi à casa dela com a intenção de propor casamento. Sem saber da intenção de Darren, Jane começou a lhe mostrar todos os e-mails que andava recebendo de um homem com quem tinha saído algumas vezes. Além de ficar extremamente chateado, ele se deu conta de que aquele não era o relacionamento que desejava.

O homem sabe que a mulher errada pode arruiná-lo emocional e financeiramente. Por isso, quando uma mulher poderosa assume suas convicções com decência e honestidade, ela desperta no homem as melhores emoções. O relacionamento se torna real. O homem sente que precisa da mulher quando sabe que ela está sendo verdadeira ao dizer: "Não me acomodo e estou sempre disposta a abrir mão de conforto e segurança para conseguir aquilo que realmente desejo." É aí que ela se torna "a mulher especial" ao lado de quem ele quer passar a vida.

PRINCÍPIO DO DESEJO Nº 97

Quando você se mantém firme em suas convicções, com dignidade e feminilidade, consegue qualquer *coisa* que possa desejar de um homem. Quando você se valoriza da maneira certa, ele também lhe dá valor.

Algumas vezes, é preciso um minuto para ele se dar conta de quanto você é uma mulher especial; em outras, demora semanas ou meses. Mas se estiver apaixonado por você, ele acabará percebendo.

Mas, se não o fizer, *ele terá desperdiçado o seu tempo* e você terá terminado exatamente como começou. Por isso, dê ao homem a chance de pedi-la em casamento. Lembre-se de que os homens não são predispostos ou condicionados a pensar em compromisso. Eles não ficam deitados na cama, à noite, sonhando acordados com cenas românticas. Entretanto, um ano se passou, um vínculo foi criado, e você não pode mais ser facilmente substituída ou esquecida.

Enquanto as mulheres se sentem apaixonadas quando estão na presença do homem, eles tendem a perceber que estão apaixonados na ausência dela. E, algumas vezes, eles só precisam de um pouco de tempo para perceber isso.

Mudando as lentes através das quais você se vê

Em seu diário, Marilyn Monroe escreveu que, quando caminhava pela rua com Joe DiMaggio, tinha a sensação de que o lugar certo para ele era a parte interna da calçada, e que ela deveria "andar na sarjeta". Marilyn foi uma das mulheres mais bonitas do mundo, uma lenda. Mas, mesmo com toda a sua beleza e sensualidade, tinha essa perturbadora sensação, comum a muitas boazinhas, devido à baixa autoestima. Era como se uma âncora a puxasse para o fundo do mar da vida.

Ao escolher uma esposa, os homens observam se ela é uma pessoa feliz. Ou se ela se sente bem em relação a si mesma. Michelle e Michael são casados e felizes. Quando estavam namorando, ela disse algo de que ele se lembra até hoje: "Se eu me casar, posso ser muito feliz. Mas se ficar solteira, também posso ter uma vida maravilhosa. Portanto, o casamento não é indispensável." Isso é exatamente o que uma poderosa leva para o relacionamento, e que uma "boazinha" insegura não leva: alegria de viver!

O que diferencia Michelle, uma mulher comum, da lendária Marilyn Monroe? Em resumo, é o seguinte:

PRINCÍPIO DO DESEJO Nº 98

Na vida, metade da batalha tem relação com as lentes através das quais você escolhe se enxergar. Sua realização pessoal depende do fato de você se ver através de lentes positivas ou negativas.

Se você não se sente "completa" *sem* um marido, tampouco se sentirá "completa" com ele. Se você se enxerga através de lentes negativas, diz frases como: "O que há de errado comigo? Todas as minhas amigas são casadas... *menos eu.*" Ser solteira não faz de você uma pessoa menor... da mesma forma como um casamento não é garantia de felicidade. Se assim fosse, metade deles não acabaria em divórcio.

Entretanto, enxergar-se através de lentes positivas é a melhor chance de felicidade que você pode ter. Aproveite cada dia. Viva cada momento da maneira mais completa possível. Seja positiva. Ame a si mesma. Não dependa da opinião dos outros, siga firme em seu caminho, desconsiderando as pessoas que não aprovam seu modo de ser. Não permita que ninguém entre em sua casa sem ser convidado. Caso contrário, quando se casar, você será infeliz e, como Marilyn Monroe, também sentirá que seu lugar é na sarjeta.

Como pode concluir por meio de vários depoimentos contidos neste livro, um homem – de qualidade! – almeja uma mulher que seja forte e determinada, que saiba quem é, e insiste até encontrá-la. Ele não quer sentir que está adotando uma órfã nem que está recebendo em casa uma criança carente que se desculpa por suas necessidades, que concorda com ele em tudo, que não sabe expor o que pensa e que depende da opinião alheia para saber se tem ou não valor. Portanto, não pense em "finais felizes", mas em um começo feliz. E comece hoje, seja qual for seu estado civil.

Por que isso aumenta suas chances de conquistar um marido? Mark, um homem casado, explicou: "Os homens sabem que, uma vez que se casem com uma mulher que se sente infeliz, ela vai responsabilizá-los por toda a sua desilusão, ressentimento e infelicidade. É por isso que um homem se sente instintivamente atraído por uma mulher que seja feliz tanto com ele quanto sem ele."

É por isso que os homens se casam com as mulheres poderosas: eles percebem que não precisam se preocupar com a perda da liberdade, porque a mulher não parece depender essencialmente dele para se sentir feliz.

É claro que não é isso que as mulheres aprendem. No filme *O clube da felicidade e da sorte* há uma cena que ilustra o comportamento abnegado e apaixonado que Rose adota para conquistar o marido, sem entender por que sua atitude na verdade causa o efeito oposto: "Achei que aquele fosse o jeito certo de amar. Com o passar do tempo, vi que Ted estava ficando entediado. *Então, fiz um esforço ainda maior.*" Em seguida, há um corte para outra cena em que ela e o marido discutem sobre o que comeriam no jantar (um processo extremamente difícil para ele, pois Rose parou de expressar suas opiniões para os outros... e para si mesma).

Rose: Querido, vamos comer em casa ou vamos jantar fora hoje à noite?
Ted: Você é quem sabe.
Rose: Se ficarmos em casa, tenho costeletas de cordeiro. Ou posso ligar e pedir alguma coisa no restaurante. Desculpe-me por interromper seu trabalho.
Ted: Você não está me interrompendo. De verdade. Quero saber o que *você* quer fazer.
Rose: Você teve um dia difícil e, para mim, tanto faz. Só quero que você se sinta feliz... Meu bem, qual é o problema?
Ted: É que, de vez em quando, eu gostaria de saber o que você deseja. Queria ouvir *sua* voz, mesmo que seja para discordar de mim. Antes era diferente. Você tinha opinião própria.

Em outras palavras, ela tinha vida interior. Ela se importava com a própria alegria. E gostava das pequenas coisas. Não era como um animal alquebrado acostumado a servir os outros por tanto tempo a ponto de se esquecer dos próprios sentimentos.

Observe como ela se desculpa, o medo que tem de se impor. Rose se vê como uma imposição... como se fosse inferior ao marido. Essas são as lentes através das quais ela se vê. Mais tarde, quando muda essas lentes, ela passa a ter firmeza de caráter e reconquista o respeito de Ted.

Dignidade e alegria caminham lado a lado. Se você se sente digna, aproveita mais a vida.

Em um artigo publicado em uma revista, Meg Ryan afirmou: "No meu dia a dia, eu me vejo me desculpando por expressar uma necessidade... ou pela maneira como me sinto em relação a alguma coisa. Não quero mais viver assim." E eu digo: você também não!

PRINCÍPIO DO DESEJO Nº 99

Os homens raramente apreciam quando você faz o possível e o impossível para contentá-los ou se torna excessivamente afável. Eles querem se sentir especiais, e quando você é boazinha demais, eles se sentem comuns, pois concluem que você sempre diria sim a qualquer homem que aparecesse.

Assim como as mulheres comparam a própria beleza física à de outras mulheres, os homens comparam suas conquistas às de outros homens. Quando você cede com muita facilidade e vai para a cama com ele na primeira noite, ele conclui que já fez isso com todos os outros homens. Qualquer coisa que ele não precise se esforçar para conseguir é algo que os outros também já conseguiram sem esforço. Se não for uma prova de suas proezas, não é considerado especial. É por isso que conseguir algo que é difícil excita os homens.

A maioria das "boazinhas" recebe informações enganosas. Elas aprendem o seguinte:

- "Se eu mostrar o tempo todo que o amo, ele me amará mais."
- "Se eu concordar com ele, para não criar desentendimentos, ele achará que somos mais compatíveis."
- "Se eu me sacrificar, vou melhorar o relacionamento."
- "Se eu sempre concordar com ele, ele vai aplaudir minhas opiniões."
- "Se eu ficar sempre bonita, conquistarei o respeito que desejo."
- "Se eu redobrar meus esforços, ele redobrará seu afeto por mim."

E, dessa forma, ela o afasta. Um homem de qualidade perde o respeito e tem menos vontade de assumir um compromisso quando percebe que:

- Ele tem sempre a última palavra.
- Ele representa a autoridade no relacionamento.
- Tudo o que ele faz é certo aos olhos da mulher.
- A mulher assume uma posição de inferioridade no relacionamento.

Não é baixando a cabeça e fazendo concessões que uma mulher prova a um homem que ela é a melhor coisa que aconteceu na sua vida. Você não atesta seu valor ao idolatrar um homem, isso só faz com que ele *perca o respeito por você*. No fundo, os homens não consideram emocionalmente gratificante o fato de estarem em um relacionamento que os faça se sentir venerados por um subalterno.

Ele não se casa com a mulher que o põe em um trono. Ele se casa com a mulher forte e singular, com quem possa compartilhar todos os momentos fundamentais da vida.

Um homem quer sentir que é o seu herói. Ele precisa ser reconhecido e aprovado. Quer ser admirado e respeitado por você, e quer assumir o papel do protetor no relacionamento. *Mas ele quer isso de uma mulher que tenha autorrespeito, firmeza de caráter e que, acima de tudo, se ame.*

Basicamente, não tem nada a ver com ele. Tem a ver com aproveitar a vida, com ou sem ele. Quando você é feliz e completa, quando você sempre se guia por seus princípios morais, quando é gentil para com os outros, mas exige ser tratada com a mesma gentileza... você atrai homens que se comportam da mesma forma.

Assim sendo, comece por trocar suas lentes ou ajustar seu foco. Mude a maneira como se vê, tome cuidado com as pessoas que tentam convencê-la de que você é de determinado jeito. Elas são capazes de convencê-la de que você é feia, quando, na verdade, é linda. De que é idiota, quando, na verdade, é inteligente. De que é incapaz, quando, na verdade, é capaz. Podem ainda convencê-la de que você não é merecedora, quando, na verdade, você é, sim – e muito. Portanto, ponha sob suspeita tudo o que os outros dizem sobre você. Se acreditar piamente na opinião alheia, e ela for negativa, você estará desmerecendo seus sentimentos e suas opiniões. Sentirá medo de se aproximar, de ter coragem, de lutar por seus objetivos mais altos. Você vai emudecer diante de todos, inclusive de si mesma. E é assim que conseguirá perder o bem mais precioso que pode levar para um casamento: você mesma.

Antes de terminarmos, há algo importante a ser feito. Vamos reescrever um conto de fadas. Vamos esquecer o que aprendemos sobre Cinderela, a Bela Adormecida e o Mundo de Oz e fazer algumas modificações nessas histórias. O final do livro deverá ser assim:

> Era uma vez uma princesa. Certo dia, chegou um príncipe que lhe perguntou se ela queria passear em seu cavalo branco. Ela disse: "Eu até gostaria de passear em seu cavalo, mas agora não posso porque estou ocupada, preparando meu próprio cavalo. Vá passear sem mim, e eu o alcançarei um pouco mais tarde." De repente, o príncipe ficou atônito: ele nunca tinha ouvido nenhuma resposta parecida com aquela. Uma centelha se acendeu dentro dele – uma centelha que deu início a um incêndio interior que ele não podia apagar. Ele não conseguia parar de pensar nela. Um dia, saiu a galope em seu cavalo branco e uma ideia ficou clara em sua mente. "Tenho que ficar ao lado dela pelo resto da vida", disse a si mesmo.

E assim eles se apaixonaram, se casaram e cavalgaram até o pôr do sol. E desde então, ela o tortura… *com todo o seu amor, para todo o sempre.*

CONHEÇA OUTRO TÍTULO DA AUTORA

Por que os homens amam as mulheres poderosas?

Sherry Argov

Você cancela todos os seus planos esperando um possível telefonema de um homem que acabou de conhecer? Tem a sensação de que, por mais que tente agradar seu parceiro, ele sempre parece distante ou desinteressado? Então, se você deseja construir um relacionamento estável, saudável e divertido – com esse homem ou com qualquer outro –, está na hora de mudar de postura.

Não é que você não seja suficientemente boa. É que você é *boazinha* demais. E não há nada mais enfadonho para um homem do que uma mulher que passa o tempo todo se esforçando para agradá-lo.

Se você se enquadra nesse padrão, não se desespere. Esse livro pode ajudá-la a dar uma guinada em sua vida amorosa. Com um texto envolvente, Sherry Argov criou um verdadeiro manual que vai fazê-la entender de uma vez por todas *por que os homens amam as mulheres poderosas*.

A partir de centenas de entrevistas, a autora descobriu as principais atitudes que diferenciam as mulheres boazinhas das poderosas e as reuniu nesse livro bem-humorado e transformador. Com histórias engraçadas e exemplos práticos, ela ensina tudo o que você precisa saber para deixar qualquer homem aos seus pés.

CONHEÇA OUTROS TÍTULOS DA EDITORA SEXTANTE

O QUE TODA MULHER INTELIGENTE DEVE SABER
Steven Carter e Julia Sokol

Esse livro trata de um tema fundamental: a autoestima nos relacionamentos amorosos.

As mulheres inteligentes sabem que existem duas maneiras de aprender a lidar com os homens – uma fácil e outra difícil. O problema é que a maioria delas escolhe a segunda forma, passando por experiências que deixam cicatrizes, mágoas, raiva e insegurança.

O objetivo de Steven Carter e Julia Sokol é justamente ensinar um caminho mais simples – e menos traumático – para alcançar essa sabedoria.

Baseados em experiências de pessoas que, como nós, já investiram em relacionamentos que não deram certo, perderam noites chorando e esperando telefonemas que nunca receberam, eles dão valiosas dicas para que você evite os mesmos erros.

Qualquer mulher que tenha se apaixonado pelo menos uma vez na vida vai se reconhecer nessas histórias, rir de si mesma e descobrir que o amor verdadeiro é muito mais do que coração disparado e pernas bambas.

O que toda mulher inteligente deve saber vai ajudar você a escolher relacionamentos que lhe permitam crescer e, sobretudo, tornar-se a pessoa mais importante de sua própria vida.

Os segredos das mulheres inteligentes

Steven Carter e Julia Sokol

Se você é como a maioria das mulheres, deve viver criticando seu corpo, seu cabelo, sua pele, sua família, sua conta bancária, seu emprego... e não entende por que seus relacionamentos sempre dão errado.

A explicação está justamente nesse comportamento. Criticar-se por detalhes sem importância causa um enorme dano à sua autoestima. E, num círculo vicioso, quanto mais baixa está sua autoestima, mais você se deprecia.

Para ajudá-la a acabar de vez com esse problema e fazê-la ter consciência de seu valor, a famosa dupla de experts em comportamento feminino Steven Carter e Julia Sokol escreveu este verdadeiro manual de sobrevivência.

Aqui você vai aprender os segredos fundamentais das mulheres inteligentes e descobrir como romper com padrões de comportamento que a colocam para baixo. Dessa forma, será capaz de adotar atitudes positivas que vão dar uma guinada em sua vida.

Com uma linguagem divertida e repleto de exemplos bem-humorados, esse livro traz dicas poderosas para todas as pessoas que têm alguma dificuldade de enxergar seu próprio valor, não importa em que área da vida.

Por que os homens fazem sexo e as mulheres fazem amor?

Allan e Barbara Pease

Homens e mulheres são e reagem de forma diferente, o que torna seu convívio difícil, muitas vezes áspero e gerador de ressentimentos.

Mas quais são as razões dessas diferenças e até que ponto elas podem ser superadas? Como aprender a lidar com elas e administrá-las para sermos felizes em nossos relacionamentos com o outro sexo?

Allan e Barbara Pease percorreram vários países e consultaram dezenas de cientistas para preparar esse livro sobre as diferenças entre os modos de pensar e agir de homens e mulheres. Investigaram as surpreendentes conclusões das últimas pesquisas sobre o cérebro, investigaram a Biologia Evolutiva, analisaram trabalhos de psicólogos, observando as transformações sociais e entrevistando centenas de pessoas.

O resultado está nesse livro que oferece um instrumento importante para, ao verificar e compreender as diferenças, estabelecer uma relação harmoniosa entre homens e mulheres, seja no casamento, na vida profissional, na forma de educar os filhos ou em qualquer campo do relacionamento humano.

Use esse livro como um instrumento de diálogo: leia-o ou comente-o com seus parceiros – conjugais e profissionais – e amigos, comparando as situações relatadas com as experiências vividas. Você vai ver como irá se formando uma consciência nova que se traduzirá em compreensão e tolerância facilitadoras do diálogo e da aproximação.

Desvendando os segredos da linguagem corporal

Allan e Barbara Pease

Não seria fantástico se fôssemos capazes de ler a mente das pessoas? Em *Desvendando os segredos da linguagem corporal*, Allan e Barbara Pease nos mostram que não é preciso ter poderes mágicos para decifrar a verdadeira intenção por trás de sorrisos, gestos e expressões faciais. Basta aprender a interpretar corretamente a linguagem do corpo, identificando os sinais que demonstram abertura, desprezo, atração, indiferença, mentira e muito mais.

Baseados em modernas pesquisas científicas, os autores nos ensinam a ler nas entrelinhas e a detectar as contradições entre as palavras e os gestos das outras pessoas, assim como a controlar os movimentos do nosso próprio corpo e usá-los para conseguir o que desejamos.

Esse é um livro esclarecedor, capaz de aumentar nossa capacidade de comunicação e de transformar completamente as nossas relações tanto profissionais quanto pessoais. Você vai aprender os segredos para causar uma boa primeira impressão e para se sair bem em entrevistas, negociações e encontros amorosos.

Ao terminar a leitura desse guia, você se sentirá como alguém que passou a vida inteira tateando dentro de um quarto escuro e que, de repente, após uma luz se acender, passou a ver – e entender – tudo claramente.

Ser elegante é...
Candace Simpson-Giles

Não importa quanto tempo se passe nem quanto o mundo se transforme: certas coisas nunca mudam. Ser gentil com as pessoas, tratar os outros como gostaria de ser tratado e tomar cuidado para não incomodar os demais são exemplos de atitudes simples, que continuam sendo a melhor forma de conduzir a sua vida.

Para ser uma mulher elegante, você não precisa usar roupas de grife, dirigir um carro do ano nem desfilar por aí com o nariz empinado. Pelo contrário. A mulher verdadeiramente elegante é capaz de manter o charme mesmo vestindo uma roupa barata ou andando de ônibus — porque a elegância está dentro dela, e não fora.

Está na maneira como ela lida com as pessoas, como respeita a individualidade alheia, como presta atenção nas coisas que os amigos dizem. Está no fato de agradecer cada gentileza que lhe fazem, de ser positiva, de estender a mão a quem precisa. E também está em sua capacidade de amar e valorizar a si mesma.

Mas é claro que não faz mal a ninguém aprender algumas regras básicas, como a maneira certa de dispor os talheres à mesa num jantar formal ou como escolher a bolsa ideal para cada ocasião.

Neste livro, Candace Simpson-Giles ensina o que você precisa saber para se sair bem nas mais variadas situações.

Mulheres às avessas

Lígia Guerra

Nós, mulheres, vivemos cercadas de dilemas – a tão sonhada maternidade traz milhares de culpas; fazemos malabarismos para equilibrar a carreira com o casamento; a aparência física é um fantasma que nos assombra dia e noite; a sexualidade tem diversas questões mal resolvidas – e nem sempre sabemos lidar com tantas pressões.

Muitas vezes, o que falta para nos livrarmos dessa roda-viva é a coragem para virar nossa alma pelo avesso e trazer à tona aquilo que realmente importa. Para isso, é necessário abrir mão do vício da infelicidade e aprender a fazer novas escolhas. É preciso que as mulheres parem de se sentir menos do que são e comecem a desbravar novos caminhos.

Nesse percurso, a psicóloga Lígia Guerra estará ao nosso lado, guiando-nos passo a passo, indicando os atalhos e as armadilhas e mostrando as dificuldades e recompensas que nos aguardam mais à frente.

Numa conversa franca, de mulher para mulher, Lígia expõe os medos, as angústias, os desejos e os conflitos mais comuns do universo feminino, dando conselhos valiosos para ultrapassarmos algumas das nossas maiores barreiras emocionais.

INFORMAÇÕES SOBRE A SEXTANTE

Para saber mais sobre os títulos e autores
da EDITORA SEXTANTE,
visite o site www.sextante.com.br
e curta as nossas redes sociais.
Além de informações sobre os próximos lançamentos,
você terá acesso a conteúdos exclusivos
e poderá participar de promoções e sorteios.

www.sextante.com.br

facebook.com/esextante

twitter.com/sextante

instagram.com/sextante

skoob.com.br/sextante

Se quiser receber informações por e-mail,
basta se cadastrar diretamente no nosso site
ou enviar uma mensagem para
atendimento@esextante.com.br

Editora Sextante
Rua Voluntários da Pátria, 45 / 1.404 – Botafogo
Rio de Janeiro – RJ – 22270-000 – Brasil
Telefone: (21) 2538-4100 – Fax: (21) 2286-9244
E-mail: atendimento@esextante.com.br